U0141367

大是文化

波段的紀律

我在海龜操盤手訓練、法人交易現場
學到的進場、加碼、退場紀律，
守住紀律獲利至少50%

前中國信託法人業務資深經理，
至今參與超過千場上市櫃公司法說會

雷老闆
王韋閔——著

波段的紀律

進場與加碼的紀律

- 全世界只有台股是每月公布營收,好好掌握「營收帶動股」。

- 選本益比10～15倍的股票,長線漲幅可達50%以上。

- 最好的買點不是低點,而是主力進場保護你的「相對低點」。

- 進場三條件:回檔至均線、價格轉強、成交量放大。

- 景氣好時,存貨項目增加是加分;景氣下滑,存貨就變成扣分。

- 合約負債也是觀察指標,占股本的5%或月營收金額的兩倍,就值得研究。

- 加碼二條件:出現帶量紅K棒,且波段創新高!

減碼與出場的紀律

- **法說會人氣**，是值得參考的技術指標，人氣過旺反而該退場。

- 公司**擴產效應至少3年才會顯現**，別急，等效益出來再上車。

- 該**減碼**：市場消息面顯示個股會大漲，公司法說會卻保守得不合理。

- 該**出場**：出現帶量黑K、股價跌破均線後3～5日都未回漲；公布利多股價反跌。

- **賠10%就停損**，你才能永遠活在市場上。

- 假設用100萬元操作，每檔金額最好控制在**15%以內**，持股20檔已是散戶的極限。

CONTENTS

唯有活著，
才能賺到下個大行情　029

管他熊市、牛市，
我照賺波段 067

鑽豹三刀流，最強技術指標 163

推薦序一
做自己投資路上的貴人

中興大學財務金融學系教授／楊聲勇

　　雷老闆是我在中興財金所的學生。時光飛逝，當年青澀帥氣的男孩，轉眼已在金融投資圈，從「海龜培訓操盤手計畫」的小海龜，變成深諳金融市場紀律與專業的投資高手；負責過的業務從自營部操作期貨、可轉債與選擇權交易與證券法人業務工作等，到現在更成為投資顧問公司的負責人。很高興看到學生有優異的表現，並為他的新書大作《波段的紀律》撰文推薦。

　　成功投資除了需要非常專業的知識與訓練外，更重要的是找到適合自己的投資節奏與模式。顧名思義，本書主要介紹波段投資法，雷老闆將過去負責證券法人業務的精髓，及曾經拜訪超過1,000 場上市櫃公司法說會的經驗，整理出一套波段投資原則，從籌碼面、基本面與技術面，最後加上貴人面，毫無藏私的跟大家分享。

　　市場有各種類型的投資人，有交易型態（短期獲利）、結構型態（指數基金）、大戶（價值發現）與散戶投資等。根據麥肯錫公司（McKinsey & Company）對美國股市的交易研究發現，

波段的紀律

　　真正驅動股價波段變化的，是所謂的「價值投資人」，這結果與本書提到的「抓住大戶進場的時機」不謀而合。

　　為找出潛在大戶鎖定的飆股，本書建議大家要認真做基本面功課，從財報研讀到法說會最新營收經營資訊蒐集，並透過建構「鑽豹指標評鑑分析」的 6 個項目（營收、毛利與營益率、稅前息前折舊攤銷前利潤率〔EBITDA〕、存貨與現金流量），縮小選股範圍；篩選出潛在投資標的後，再運用「鑽豹三刀流」的技術訊號（盤整後第一支長紅 K、同族群一起轉佳、均線形成黃金交叉），抓準進場時機。

　　這種投資方法與《孫子兵法・形篇》中的「勝兵，先勝而後求戰」，有異曲同工之妙，意思是打勝仗的軍隊，會先創造出取勝的條件，才與敵人交戰！成功投資亦若是，透過雷老闆提出的選股機制與做好投資前的準備，已讓你立於長期投資不敗之地，再進場隨市場環境應變，並堅守紀律。

　　至於最後章節〈我的貴人運，從一輛賓士車開始〉，是雷老闆習慣向高手請益的累積與結晶。其實成功，往往從模仿開始，見賢思齊，站在巨人的肩膀上，總能看得更遠。投資是一生的功課，建議讀者了解自己的風險偏好，認真執行雷老闆的「鑽豹指標評鑑分析」選股，與「鑽豹三刀流」擇時，做自己投資路上的貴人，並祝福大家都能享受成功投資後的財富自由與從容。

推薦序二
驕傲的活在市場上！

《我炒的是人生，不是股票！》作者／葛瀚中（Mgk）

　　回想起 12 年前，我和 Remus（作者的英文名字）一樣，都是元大期貨「海龜交易計畫」的一員，當時我們幾個年輕人什麼都沒有，僅憑著一顆赤子之心，就一股腦兒的栽進金融交易世界。

　　還記得，我們當中有些人為了參加這個計畫，放棄了更好的就業選擇；有些則放棄了頂尖大學的研究所錄取機會；甚至有離鄉背井的夥伴，直接在公司旁就近租了間雅房，打算長期抗戰。我們不為什麼，只希望在未來的某一天，能透過自己的努力，驕傲的活在這個市場上！

　　可惜夢想往往豐腴，現實總是骨感。時至今日十年過去了，昔日的戰友還有多少人仍存活在這殺戮戰場上？就我的觀察，實在是少之又少，而 Remus 正在那少之又少的一員！

　　Remus 從海龜體系出身，當過券商自營部的交易員，也在可轉債部門歷練過，更曾在法人業務部門鑽研多時，資歷之完備由此可見，因此無論是「交易」，或是「研究」，都在他的守備範

波段的紀律

圍之內。

在這本書裡，Remus 透過自身經驗，給那些想了解「如何在金融市場生存」的朋友們一個完善的指引。比如，必須透過上下游產業鏈的狀況，才能確定一段趨勢是否能走得夠遠；財報裡最重要的指標，包含了營收、毛利率、營業利益率、存貨、合約負債、EBITDA 及自由現金流量，其中，庫存在不同的景氣階段可能有著不同的意義，合約負債則反映了一間公司未來的訂單狀況等。

我想，書裡的這些知識，有別於大多數投資人已知悉的「K線戰法」、「形態學」、「波浪理論」、「技術指標」等虛幻的技法，更能應用於實戰當中。預祝每一位閱讀本書的朋友，無論是投資老手還是新手，都能獲得新的啟發！

推薦序三

簡單有效的台股分析方法

前華爾街 Point72 操盤經理人、前元大期貨自營事業部門主管、
前寶富期貨信託事業總經理／賴聖唐

　　認識韋閎到現在，不知不覺也超過十個年頭了，這一路上看他從懵懂的小海龜，成長到現在可以獨當一面的雷老闆，內心著實感到萬分欣慰！

　　2009 年，因為當時寶來（按：於 2012 年與元大證券合併為寶來元大證券，再於 2015 年更名為元大證券）自營部門突然出現操盤人無預警大幅出走的困境，我臨危接下重建部門戰力的責任，在當時賀鳴珩董事長的大力支持下，意外開啟了長達數年在臺灣期貨界、甚至整個法人操盤圈都絕無僅有的本土海龜培育計畫。

　　海龜計畫說白了，就是打破過去自營業界進入門檻過高的陋習，把徵才對象大幅放寬到有潛力卻沒經驗的年輕人，只要高中畢業、人格健全，就可以參加公平、公正、公開的操盤人甄選。如果能通過密集培訓及層層測驗，最後就能取得正式的自營操盤人資格。

波段的紀律

韋閎當時加入了我們的海龜專案，在培育期間就展現出高度的交易潛力、紀律，及認真的工作態度，尤其他還具備一般操盤人普遍欠缺的表達能力，與人際溝通技巧，是一位動靜皆宜的難得人才。我想也是因為這樣的特質，讓他可以同時勝任多種各相迥異的職涯角色，從交易員、研究員、法人部，到分析師、甚至創業家，都能做得有聲有色，這點實在非常不容易。

拜讀全書後，我覺得韋閎完全展現了他多年來累積的投資專業能力，在有限的篇幅裡，提及的內容涵蓋基本面、產業面、技術面、交易面、籌碼面、消息面等全方位豐富題材。而且文筆生動流暢、簡單扼要，讀起來相當輕鬆、沒有負擔，對於有志從事股票、期貨及其他金融商品操作的讀者們，這絕對是一本不容錯過的佳作。

我要特別推薦第二章，給想要快速掌握台股產業面及公司基本面資訊的朋友，透過公司營收，到毛利率、營益率，再到本業獲利能力、存貨分析、合約負債分析、自由現金流量分析等六大指標，韋閎成功歸納出一套簡單有效的系統分析方法，不藏私的分享他十年來累積的功力，真的是功德無量。

最後，要再次推薦本書給廣大的投資朋友們，也很榮幸能為本書寫序，相信好書一定大賣，造福群眾！

盛讚強推

順勢而為，是我奉為圭臬的交易宗旨。

本書讓我以技術分析為主軸，精進了許多思考面向；異於我操作期貨使用大、小時間格局的搭配，作者以其淬煉出的選股法，著眼更宏觀的產業、上下游結構，一脈連動各族群並延伸到個股。書中不僅分享參考基本面的投資人觀察公司應關注的細節，更說明了對不同產業類別的本益比估算，深入淺出講述重點，通篇無冗言贅字，值得細品。

倘若欲朝更遠的目標前進，強烈推薦再三閱讀本書，進而學習更全面的波段操作思維。

—— 專職期貨交易者／老吳

出投資書非常不容易，因為天下沒有萬用的方法，容易吃力不討好。但初看雷老闆這本書，我便深受感動，因為他的初衷是接受很多高手幫助，因此想回饋更多人，如此而已。

雷老闆白手起家，在安定與冒險之間，他選擇放手一搏，在法人大戶旁學習，也見過同事一個輕忽賠掉一個部門的時刻，一路走來，靠著「紀律」，最後自己也成為那些高手之一。

波段的紀律

　　如果你正傍徨於股市中，那麼本書能帶你走過那些面臨人性交易抉擇困難的時刻，因為你有的，雷老闆也有，而看完本書，雷老闆會帶你一起克服。

——前商周集團總經理／朱紀中

　　感謝大是文化分享雷老闆的《波段的紀律》，這是一本優質的台股投資指南，書中從財報分析到法說會解讀，詳述了如何利用關鍵指標縮小選股範圍；並介紹了「三刀流」的進場策略，包括觀察盤整後的長紅 K 線、同族群類股的漲勢，及均線變化等內容。除了分享這些概念，也有實戰的案例解析，希望本書能幫助投資人，在市場中找到適合自己的中長線交易方式。

——「老墨的市場觀測站 Mofi Investment」版主／老墨

　　想找飆股有個重要前提，即是「要具有尋找、交易飆股的心態與能力」。作者提到，「適合自己的交易模式」很重要，應在生活與投資間取得平衡，這與我常提到的「你怎麼生活，就怎麼交易」觀念一致，所以看到作者分享的投資心態時特別有共鳴。

　　除了心法外，也能夠從作者豐富的交易與業內經驗中，了解許多基本面及技術面的知識，透過這些關鍵的資訊，你能提升投資能力，發展出適合自己的交易模式，找到有獲利潛力的股票。

——《在交易的路上，與自己相遇》作者、
Podcast《投資心理室》主持人／李哲緯（鮪爸）

在我從研究員到操盤人的經驗中,認為投資最重要的,便是選產業、公司拜訪等基本面,我的第一本及第二本書中,也曾鉅細靡遺的分享過,如何提問與分析等技巧。而本書作者雷老闆,同樣拜訪過千場以上的法說會,深諳個中精髓,他在書中大方分享財報分析、法說會經驗等波段選股方法;更難能可貴的是,他也分享了從短線自營商、可轉債到法人業務資歷中,學習到的嚴守紀律、專注自己能力圈裡的產業等成功心態,著實是投資人的一大福音!

——私募基金經理人、暢銷作家、財經講師/產業隊長張捷

以「價、量」為依據的技術、籌碼面,和以「價值、基本面」為基礎的長期投資,似乎一直是兩端陣營,井水不犯河水。身為長期投資美股市場的投資人,我在認識 Remus 之後才發現了新天地——臺灣居然有人能夠將天秤兩端的波段與基本面,拿捏得如此完美,而背後正是巨量的交易數據、財報拆解等量化分析,以及深度法人走訪質化分析的支撐。

很興奮 Remus 願意分享這些淬鍊智慧,讓更多讀者也能藉由這千錘百鍊的體系方法,創造突破性的績效!

——新加坡金融新創 Goodwhale CEO、
《這輩子賺多少才夠》作者/Will 黃士豪

波段的紀律

　　作者 Remus 在金融產業任職過多種職位，包含自營商、可轉債及法人業務等，這本書是他具備完整資歷之下，整理出多年來的股票投資操作方法。他曾經在短線操作的過程中差一點失去健康，因而摸索出最適合自己的方式，就是波段操作中長期投資。書中以深入淺出的方式告訴大家，如何看穿毛利率、營業收益率等財務數字的神祕面紗，當能看懂財報，就有能力找出下一個潛力飆股。

　　投資方式百百種，但最重要的心法就如 Remus 所說：只有在工作與投資中取得平衡，找出讓你睡得好、吃得下的投資組合，才是最佳的策略。身為他的人生教練，多年前他開始布局事業轉型時，我曾參與協助建構未來事業方針及價值觀，因此非常肯定本書內容，正是他想呈現給這個社會的心得。

　　非常榮幸能以人生教練的身分推薦這本好書，相信無論是投資小白、已有經驗的老手，或是還在摸索的練習生，都能從中有所收穫，也希望大家可以因此認識 Remus，達到更多投資與生活的雙贏！

　　　　　　　　——喬治亞理工學院亞太區國際事務執行長、

　　　　　　　　美國 SOLE 臺灣區理事長／詹斯敦

　　還記得首次見到雷老闆，是我們一起去拜訪石英元件廠希華的時候。我曾是以短沖累積資產的交易者，但在認識雷老闆以超群的邏輯找尋好公司，搭配進出場技巧，掌握波段極大化獲利之

後，我開始改變交易週期，更進一步優化生活品質。過去幾年雷老闆分享給我適應多空頭的獲利選股、進出場方式，他都無私且有系統的記錄在本書裡，這套方法完全可複製且容易學習，《波段的紀律》是通往提早退休、享受人生的必讀書籍。

——「小朋友學投資」創辦人、
艾德恩資產管理投資長／愛德恩

雷老闆最讓我佩服的地方，在於 2024 年台股暴漲又暴跌的行情中，他都能挖掘出有價值、被低估的好公司，有些我覺得已經漲很多的股票，他卻能很篤定的跟我說「它們值得擁有更好的價格」；此外，明明是眾人恐慌之時，他亦能淡定的找出哪些股票可以撿便宜，彷彿珠寶鑑定師一般。

透過勤跑法說會、對產業的深入了解，並用技術面輔助，切入相對更有效率的買賣點，雷老闆願意把他的武功祕笈分享出來，相信股市小白們真的可以少走很多冤枉路。

——財經主播／蔡侑達

作者序
從海龜到法業，我決定賺波段

　　說到我與金融的結緣，種子可能在小時候就已種下。我的外公是碼頭工人，小時候問他手臂為何有一個桃子圖案的刺青，他說因為他是「迌迌人」（臺語音同七桃郎），長大後才知道，那是流氓的意思。而拜外公所賜，我在小時候就流連過小鋼珠店、電子水果盤博弈店，也曾在公園看過阿公們下暗棋賭博，這些博弈遊戲都是生活的一環，背後都是勝率，可說是我日後對金融市場產生興趣的基礎。

　　儘管與外公的回憶很快樂，但十賭九輸仍是定律，博弈並非都讓我留下美好經驗。童年時家中經濟頗為寬裕，老爸是餐廳老闆，老媽是髮型設計師，又因為身為長孫，備受疼愛，所以我從小便在餐廳裡接觸各行各業的老闆，聽聞他們的故事，或許這也是我日後喜歡實際拜訪公司的原因之一。沒想到才到國小五年級，老媽就因為賭博欠債跑路，最後父母也離異，讓我第一次**見識到博弈的風險**，而這些記憶也成為我日後接觸投資時的警惕，**並一直**將風險視為**最重要的考量**。

　　高中時我的成績中等，成績好的同學不把我當成競爭對手，

與中後段的同學又能相處融洽，加上善於交際，所以擁有不錯的人緣，甚至還被推選為班長。因為班長必須聚集班上其他有才能的人，一起為班級服務，我開始對管理產生興趣，也累積出向高手請益的技巧，即是「問原因、問做法、問改進」。這套「天問三式」成為我日後能在投資路上不斷精進的主因，如果問我為什麼對投資充滿熱情，那是因為身邊永遠有值得學習的對象，讓我學會許多從飆股獲利的方法。

　　高中畢業後，我考上逢甲大學財稅系，陸續接觸財政學、會計學、財務管理、經濟學等專業科目，拓展不少新視野，也接觸許多投資的基礎理論，開始對財金越來越痴迷，決定畢業後再報考相關科系的研究所，深化專業能力，之後也順利考上中興大學財金所。

財金系第一堂課，先開證券戶

　　還記得剛進研究所時，有位教證券管理實務的教授，上第一堂課時就給全班十足的下馬威：「請沒開證券戶的學生，下一堂課可以不用來了。」而且這位教授對財金系學生的專業要求非常嚴格，他在課堂上也相當強調實務經驗，我也在這時開始接觸投資，並立定未來要財富自由的目標。

　　有趣的是，研究所課程同時點燃了我心中一個疑惑：「為什麼從小到大，學校只有教我們要好好讀書，卻沒有教如何財富自由？為何要我們努力拿到好薪水，卻沒教怎麼當個好股東？」而

這麼重要的事情，卻必須等到長大後才開始學習，到那時可能必須付出高額的學習成本，而且還無法兼顧本業工作。

研究所畢業後，我積極尋找投資相關工作，可惜寄出上百封履歷都石沉大海。投資圈的工作其實僧多粥少，以國內券商研究員來說，一家券商頂多只容納 15 到 30 位研究員，且多數券商喜歡挖角有經驗的同業，不太願意花心力去培養新人，有些外資甚至要求須具備國內頂大或海外名校學歷，使得法人投資圈形成另一種窄門。

海龜培訓，摸透 K 線下一步走勢

就在苦惱沒有機會進入投資行業時，有位研究所學長找我參加元大期貨的「海龜培訓操盤手計畫」，這場海選活動因此成為我夢想的起點。

然而，這個海龜培訓計畫並不支薪，唯一的報酬，是由元大自營部總經理親自教學期貨技術分析，及結訓後有機會進入元大自營部工作。這樣零收入的條件，讓不少原本有興趣的人卻步，因為參加培訓最好是辭去工作，才能集中心力，最終脫穎而出。

記得當時我告訴家人要參加這個企劃後，他們一聽到沒有薪水都笑我蠢，很擔心這是詐騙。再加上研究所同學畢業後，幾乎都在金融業工作，薪水動輒 4 萬到 5 萬元，一度讓我非常猶豫，是否該直接去已經被錄取的銀行工作，不過仔細思考後，我還是決定放手一搏。

進到海龜培訓的教室，電腦裡有著當時台股過去 5 年每天的日內盤走勢圖，學員們從 1 分 K、5 分 K 開始，一支一支的研究，去推演下一支 K 棒的可能方向，然後將預測結果套入大盤驗證，計算出能夠賺取多少價差。當技術與成果越來越成熟後，我們這些海龜師兄弟，幾乎都有著「要讓主力知道，日內盤走勢圖已經被看透」的信念。

在法人交易現場，學波段買賣

為期 8 個月的海龜計畫結訓之後，我先後在元大及康和證券的自營商部門任職，操作期貨，接著進入兆豐證券可轉債部門，學習可轉債與可轉債選擇權（可轉債說明見第 44 頁）。由於操作當沖和期貨的過程，永遠都要擔心下一秒的行情變化，讓我情緒變得非常不穩定，而且長期盯盤造成乾眼症，更是常見的職業傷害，當時幾位資深同事都有失眠、自律神經失調等問題。

因此我開始意識到，想要投資生涯長久，就必須轉型長線交易模式，當時有研究所學長知道我的想法，便順勢引薦我進入中國信託證券法人部門，成為法人業務（簡稱法業）。

法業主要的日常工作，就是帶著客戶一起拜訪上市櫃公司（見第 1 章第 3 節），和舉辦法說會，優質的法業還會在每一次拜訪公司後，整理出自己的心得提供客戶參考，這也是讓客戶記住自己的好方法。而我還加碼多做了一件事，就是用之前工作累積的資金買下一輛名車，讓客戶搭車往返時更舒適，增加對我的

好印象，沿途上還能不斷請益，同時提升自己的專業。

其實在法業工作中，最有價值的就是可以近距離與投資高手接觸，也能得知各產業的基本訊息與趨勢，相較於只追蹤單一產業的研究員，法人業務看事情的角度通常比較廣。因此對我來說，每一趟前往上市櫃公司法說會的路程，不僅不是工作負擔，反而是吸收高手對於行情的見解及操作技術的好機會。

不過法業也並非完全沒有壓力，新進的業務如果沒有人脈，陣亡率非常高。例如剛入行的前兩年，身為小白的我在業內還沒有太多人脈，每天都要花許多時間經營上市櫃公司與客戶關係，更因為對產業不熟悉，也要多花心力建構財務模型並學習產業知識，幾乎每天都是朝九晚九的工時。

但也因為這段經歷，我逐漸轉換自己的投資模式，慢慢擺脫看到 K 棒就想進場的衝動，改為注重公司基本面的變化，找到適合自己的技術分析方式，建構出屬於我的中長線波段交易邏輯——找出近期業績有機會大幅成長的股票。

進場理由一旦消失，立刻出場

開始投資以來，我參與超過千場上市櫃公司法說會，近距離接觸許多基金經理人、中實戶（自有資金達到億元以上的投資家），從他們的交易手法了解到，不管是鎖定公司營運狀況的基本面、專注股價線圖變化的技術面，還是觀察三大法人買盤，或是特定券商買賣分點的籌碼面投資，其實都能賺錢。

波段的紀律

而且與這些高手相處過程中，我還意識到，每個成功的投資者，幾乎都不是只用一套招式打天下，不僅每次的操作方法都不完全相同，還會隨著市況變化不斷微調，因此他們能夠獲利是贏在修正，而非預估。

由於是客戶關係，**我能從戶頭數字驗證他們的操盤績效**，這些眼見為憑的實績，讓我不偏向任何一種投資面向，我可以因為公司營運出現轉機，抱股長達半年、甚至一年以上；也可以因為技術面股價突破創高而買進；或是觀察到長期低買高賣的公司，有贏家券商分點（該分點過去買股後股價上漲比例高）開始買進時，也會列入進場參考。

另一個在法人交易現場學到的重要心法是：**進場理由一旦消失，立刻出場**。這個原則其實多數投資人都心知肚明，只是即使定下鐵則，卻總是做不到。就連我自己，直到今日也還是會在股價達到停損、必須出場的前一刻痛苦掙扎，只是過去多次執行的經驗，最後一定會逼迫自己確實做到停損，以避免大賠。

投資這件事從來不會一路順遂，我很幸運的是從初入行至今，向許多前輩與高手吸收到很多經驗與技巧，現在希望能藉由本書，分享我的經驗，協助其他新手的投資技巧也能加速成熟。

（特別感謝基本直男〔Elvis〕、Jay、Shannon、睿克分析師協助本書資料整理；Bill、力瑋、佳佳協助封面構思。）

前言
高手不能複製，但可以模仿

在 2020 年新冠疫情過後，全球金融市場在各國政府貨幣政策下強力反彈，紛紛創高，臺灣股市更是在 ETF 盛行與海外資金回流下，到 2024 年 7 月時已突破 24,000 點，這段期間年輕人前仆後繼的加入市場，參與股市的投資人口大增。

當沖交易稅減半在 2016 年拍板定案、2017 年 4 月 28 日開始施行後，至今已逾 7 年，追漲殺跌的動能投資已成顯學，使得權值股如台積電（2330）、鴻海（2317）等，股價也與中小型類股一樣活潑，每日動輒 3,000 億到 5,000 億元的成交量已是常態，與我 2011 年初入股市時，日均量只有 500 億到 1,000 億元，已無法比擬，當時若達千億已是天價。

我的十多年投資生涯，參與了臺灣股市這段質變的過程，也藉由工作之便，認識了不少台股經理人、中實戶與少年股神，得以近距離從旁窺見高手的做法及門道，慢慢精進自己的投資技巧與策略。

同時，雖然與前輩們相比，我這幾年的獲利只能說是小巫見大巫，但很幸運的，有不少媒體注意到我的投資經歷與故事，因

此有機會成為《Smart 智富》月刊、《今周刊》、《Money 錢》雜誌的採訪對象,與大家分享一些投資心得。

操作原則變變變,難怪你賠錢

與我當年入行相比,現在的投資新手很幸福,網路資源發達,也有很多財經書籍可供學習。但綜觀常見的內容,多半談論「交易方法」,很少提及如何找到「適合自己的交易模式」,並且在生活與投資之間取得平衡,但這恰巧是投資非常重要的事。

因為市場行情一直在變,不同時期的盤面,必須使用不同的操作方法,例如,在趨勢強勁的市場中逆勢交易很容易受傷,在盤整期順勢交易,則可能淪於追高殺低。所以,學習交易方法固然重要,但想在市場長期生存下去,除了要能夠順應市場變化,最重要的還是必須認識自己,了解自己在交易上的優劣勢,投資路才能走得長遠。

我從研究所畢業,參加海龜培訓營學習當沖,進入證券自營部操作期貨,再成為法人業務,最後與志同道合的投資夥伴成立公司。在這些過程中,我嘗試過各種操作週期,有短到持倉可能只有幾秒鐘的當沖、以 1 到 2 天為週期的事件交易、技術面突破後的 3 到 5 日小波段、以基本面為圭臬的長線波段、可轉債的套利與拆解,及衍生性金融商品操作。

最後我選擇波段操作為主要的股票投資方式,以基本面選股後搭配技術指標進場,並將投資週期拉長至週與月為主,持股檔

數也由原先的 2 到 3 檔重壓，慢慢轉換成**專注於 10 到 12 檔標的**，並且每一檔都分配好投資水位（即資產配置），降低風險。

其實無論是長線持有，還是短線賺價差，一般人會想投資，無非是為了獲得更多金錢，讓生活變得更好，但在此之前，我們必須先知道金融市場的運作邏輯，才能找到正確的學習方向。

金融市場真正的用意，是作為企業籌資與融資的管道，缺錢的公司上市向大眾募資，投資人可以取得股權，並參與公司的經營。最好的投資，便是找到一間優質公司，與之一同成長，在企業獲利反應在股價及股利後，分得利潤。

在上述原則下，基本面、長線投資是較穩固的做法，也有些人的操作模式介於長短線之間，屬於混合式，大多數的台股基金經理人就是這種模式，但一般投資人與他們最大的不同在於，散戶分析行情與操作方式經常不同調，也沒有清楚區隔不同的操作結果，導致常常出現「當沖變隔日沖」、「隔日沖變隔代沖」的情況，最後演變成連續虧損。

另外，**混合式交易還有一個非常容易犯的大忌，就是進出場模式不固定**。例如，很多投資人用基本面選股後，喜歡透過技術面進出場，但每次達到停損點時，又會用基本面說服自己繼續持有，此後通常容易造成大賠。

高手無法複製，但能模仿降低學習成本

投資裡往往躲著人性，每個人內心的貪婪、恐懼等弱點不

波段的紀律

同，所以即使有個操盤高手坐在身邊，也不一定能操作出與他
一模一樣的結果。這也是很多交易高手的方法無法完全複製的
原因，我們只能參考別人的大方向，再慢慢調整成適合自己的模
式。所以本書將著重於分享過去我從那些基金經理人、中實戶學
到的投資心法，與我自己的實務經驗，引導大家一學、二改、三
優化。

　　例如，第 1 章是我在海龜計畫與康和自營部學到，控制風險
比獲利更重要；在中信法人業務時期學習，如何從法說會及實
際拜訪中，推敲出公司甚至產業前景，並設定自己的財報評分
機制。

　　第 2 章分享我對波段操作的定義，以及如何評鑑財報、從
「大猩猩」法則找出本益比被低估的公司，並且提供我在工業電
腦及網通類股的操作實例。

　　第 3 章是我自創的「鑽豹三刀流」策略，從三個面向看準進
出場時機。

　　第 4 章則是我這一路從投資貴人身上學會的事，包括：資
金再少都一定要有持股，才能承接到大盤反轉的獲利；分配水
位比選股更重要；停損盡量控制在 10% 之內，長期才能保住資
金等。

　　希望本書能幫助大家縮短調整自己投資策略的時間，並且找
出近期內業績有機會大幅成長的波段飆股。

Chapter

① 1

唯有活著，
才能賺到下個大行情

1

瘋狗流始祖：
海龜培訓操盤手計畫

　　我從研究所畢業後的第一份「工作」，也可說是與金融業的第一次接觸，就是參加元大證券的海龜培訓操盤手計畫。所謂海龜交易培訓，最早是美國的一個大型實驗，為了驗證「賺錢的交易員可以經由後天訓練產生」，主導者將交易系統交付給培訓生，經過重重測驗與選拔，最終培養出能實戰的交易員。

　　當時元大仿效類似做法，訂定為期 8 個月的海選，只要參與者能脫穎而出，就有機會直接進入元大金控自營部工作，相當於跳過研究員的資歷，直接操作與管理資金。

　　在整個培訓過程中，由於每天都在不斷的模擬交易及檢討成果，在高強度的訓練之下，停損成為所有學員的家常便飯，一天可以停損十幾次，學長們也千叮嚀、萬交代，一定要控制虧損，畢竟**賺再多個 100%**，**虧損時也只有一個 100% 可以賠**，唯有「活著」才能參與大行情，奠定我日後「砍單不手軟」的性格。

海龜上沖下洗，練就風險控管能力

當時的訓練工具都是大盤期貨模擬盤（將過去台股每天的分K 走勢，模擬成訓練當天的大盤走勢，讓培訓生根據所看到的每分鐘行情下單），而非個股，訓練內容是交易大盤期貨點數的方向，也就是買漲或買跌，看的是 1 分 K、5 分 K 及 15 分 K，做日內當沖，並且每天結算部位，不會留到隔天。為了讓學員體驗到行情反轉的恐怖，教官常常會選擇日內行情波動劇烈的交易日來試煉我們。

比如 2010 年 1 月開始的歐債危機，當時大盤可能每天都是200～300 點的上下波動（當年台股約 7,000～8,000 點，1 天有200～300 點的漲幅就是大行情了），甚至有幾天是開盤後先往下殺 1～2%，盤中再收下影線回到幾乎平盤，行情上下刷洗，讓人在盤中根本抓不到方向。

這種行情劇烈波動，導致抓錯期貨方向時，若是不停損，通常都是 100 點以上的損失，以當時 1 筆交易的可控損失大都在5～20 點左右，只要「凹單」1 筆，損失就會超過百點，通常我們培訓生那一週的風險控制額度就爆倉了，也就是可以使用的停損金額已經用完，當週不能再交易。

有趣的是，除了**風險控管能力差的人容易被剔除，還有一種人也會出局，就是不交易的人**。因為很多人會把海選當成淘汰賽，抱持著「不交易的虧損最少」的心態，希望別人先因為累計損失金額達標而被淘汰。但這種人當然逃不過海龜教官的法眼，

不交易與耐心等待交易完全不同，不相信、不磨練自己的人沒有價值，會立刻被退訓。

現在回憶起這段時光仍舊很懷念，儘管沒有薪水，壓力也很大，但能按照自己的進出場準則，有紀律的操作，最終賺取獲利的成就感，實在是珍貴的體驗。最重要的是，停損的原則深深刻印到骨髓裡，可說是我在投資這件事上學會的第一堂課，讓我往後在金融市場少走很多彎路，懂得在不利的情況下盡可能減少損失，像在 2024 年 8 月股災後，我便減少交易，避免損失過大。

價格趨勢向上找買點，向下找賣點

相信看到這裡，大家對於海龜交易還是有很多問號。其實，最早的海龜交易系統構成非常簡單，就是在**價格創新高後買進、創新低則賣出**，交易員跟著價格突破方向操作，屬於追高殺低、追逐動能的順勢交易系統。順帶一提，2020～2021 年疫情之後，「瘋狗流」這一名詞很受市場追捧，在與很多投資高手討論後，大家都認為，其實瘋狗流的做法與海龜提倡的「順勢交易」，頗有異曲同工之妙。

基本上，價格趨勢向上找點位買進、價格趨勢向下找機會賣出，至今依舊是非常有效的概念，重點就是股市要有波動。以 2020～2021 年台股的超大成交量及股市熱潮，一天日內走勢動輒 200 點以上，**指數日內跳動趨勢越明顯，越適合當沖**，比如開盤後一路上漲 200 點，或是上漲 200 點後再下殺 300 點，這些

波段的紀律

急速上下的走勢，都是有利於當沖的行情，因為只要幸運賺到一段，都有 40～50 點的行情，就給了很多人崛起的機會。

對比 2013～2014 年，台股期貨日內高低點常常只有 50 點不到，假設當天比前一天上漲 50 點，但一開盤就跳空 30 點，等於當天一整天只有 20 點的空間可以操作，這 20 點漲幅還會上上下下，等到有明確方向可以進場，當天行情可能已經結束了。

海龜培訓計畫使用的技術，形同上述概念的變種，也以突破交易為主，透過技術型態辨認趨勢，等待長紅或長黑 K 棒突破整理區間就進場追價。由於持倉時間是以分鐘計算的超短線當沖，不僅非常重視盤感與紀律，一旦出現偏好的交易型態一定要進場試單，除了 W 底、M 頭，也大量使用三角收斂型態。

海龜培訓中使用最多的型態是三角收斂，當時還有個小訣竅，就是只要三角收斂型態出現，搭配 5 檔（按：指距離目前成交價最接近的 5 個價位，分別有多少買家和賣家）委賣有異常大量掛單時，行情就有非常高的機率向上突破，反之若是 5 檔委買有大量掛單，行情就有高機率往下突破。

不過現在這個手法，已經因為市場充斥高頻交易而漸漸失效。主要原因是，現在可以在 1 秒鐘執行好幾萬筆交易，也可以不斷抽單掛單，造成買賣 5 檔出現大量假單，參考性大幅下降。

其實說白了，當沖交易就像大家排隊搶蛋塔，只要看到排隊的人很多，就會跟著排隊，如同我們在金融市場中不斷追高或殺低。但只要領頭排隊的人大喊一句「超難吃」，後面的人潮就會

散去，好比只要有人開始停損，股價就會下跌，追價的人就可能成為往後的賣壓。

波段小百科

W 底

型態學最常見的做多點，是 W 底型態出現後（右底比左底高最好），價格回測頸線不破，代表此處有支撐，若此時出現紅 K 棒，就可以進場，並將停損設置在頸線（見圖表 1-1）。

圖表 1-1 W 底回測頸線不破

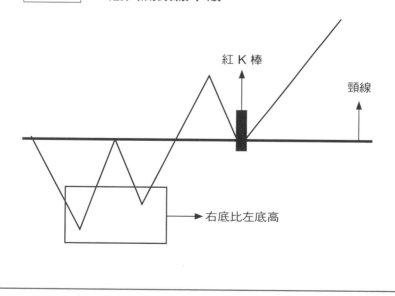

紅 K 棒

頸線

右底比左底高

（接下頁）

M 頭

　　M 頭型態（右頭比左頭低）是最常見的做空點，當價格回測頸線不過，且出現黑K棒時可以進場，將停損設置在頸線（見圖表 1-2）。

圖表 1-2 **M 頭回測頸線不破**

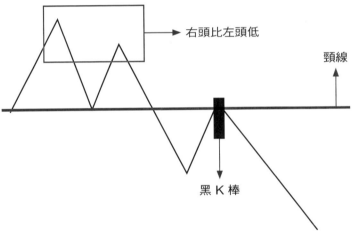

右頭比左頭低

頸線

黑 K 棒

三角收斂

　　價格不再突破高點及跌破低點，且震盪區間越來越小，即形成三角收斂型態，代表市場多空雙方力道陷入觀望，要等待價格突破頸線，方向確立後再進場。做多停損可以設置在紅 K 棒低點（見右頁圖表 1-3），反之向下突破則設置在黑 K 棒高點（見右頁圖表 1-4）。

（接下頁）

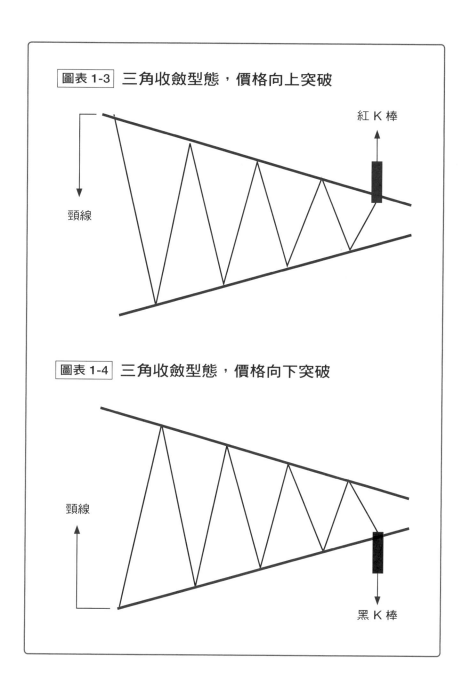

圖表 1-3 三角收斂型態，價格向上突破

紅 K 棒

頸線

圖表 1-4 三角收斂型態，價格向下突破

頸線

黑 K 棒

停損別喪氣，先肯定自己有紀律

在海龜交易的日子，其實每天的工作時間都非常長，早上一到就要開會，接著陸續操作台指期（全名為臺灣加權股價指數期貨，連結標的為臺灣加權股價指數）、中國滬深 300 指數、德國法蘭克福指數 3 個指數的模擬盤，模擬盤操作都結束後，晚餐時間還要開會，檢討一整日的操作結果。

每天盯著盤勢上下快速波動，在高壓的行情中思考如何操作，很多交易策略還必須在開盤前提早準備，否則盤中容易受情緒影響無法照表操課。訓練初期情緒容易因為一直停損而不穩定，會對自己失去信心，但時間久了漸漸能了解，這是交易過程必經的一環。

很多投資人辛苦研究一檔股票，卻因為基本面轉向、錯估公司成長性等原因，或是法人調整 ETF 成分股比重，甚至剔除個股而出現短線清倉，導致股價跌破自己設定的止血點仍不願停損，還有更多人買股根本沒想過停損，導致資金長期套牢。

但投資需要紀律，且必須永遠把風險控制排在第一，停損是交易策略的一部分，**每一筆交易都要在進場的那一刻先知道，自己可以承受的停損範圍**，那怕出場後股價反漲，也要肯定自己守住了投資紀律。再者，如果想買回已經出清的標的，無論上一筆交易是賠是賺，都不要受其影響，把每一筆交易都視為全新的開始，更要切記，**專注自己的交易就好，不要因為別人的報酬率較好而浮躁**。

圖表 1-5　我在海龜培訓時期的每日行程

時間	工作項目	內容
7:30～8:30	開會	討論前一晚的歐美盤勢
8:45～13:45	台指期模擬盤	訓練當沖
13:45～15:00	中國滬深 300 指數模擬盤	訓練當沖
15:00～16:00	研究資料	回顧訓練當天的日內走勢圖，修正策略
16:00～19:00	德國法蘭克福指數模擬盤	訓練當沖
19:00～21:30	晚餐時間	討論本日操作
21:30～22:30	美股開盤	用道瓊工業指數的分K訓練盤感

2

同事不守紀律的震撼教育

　　有海龜計畫的經驗後，我進入康和證券的自營部工作，負責操作台指期當沖，同時也有小部位執行趨勢交易，做法和海龜時期一樣，順著指數方向，看好上漲就買進，下跌就放空大盤。

　　不巧的是，當時正好遇到台指期 2012～2013 年的盤整行情，市場在歐債危機後開始陷入量縮，常常台股一開盤，一整天點數都走不到 30 點，根本沒有方向性可言，讓我無從出手，整體績效難以大幅度突破。

　　儘管如此，這段時間我依然紀律進出，隨著大盤起伏，所操作的部位會在一天之內不斷改變買進或賣出方向。剛開始我的情緒會跟著起起落落，比起在海龜培訓營只是操作模擬單，不是真正的金錢交易，壓力僅來自於害怕被淘汰，無法成為正職員工，但在康和已是實單操作，自己的損益直接關係到公司的獲利，壓力放大許多，因此上班時間每一秒都是戰戰兢兢。這種短線操盤工作，很多人連盤中去洗手間的時間都捨不得，除非真的快憋

不住。

　　經過兩個月的磨練後，我的心理素質才穩健不少，知道進出場只是整體策略的其中一個步驟，也將之內化成反射動作，這些也都成為日後操作股票的養分。

　　然而，**一般投資人買賣股票，多半非常不習慣換方向或換股操作**，因為對他們來說，「換」就等於認錯。但我在期貨交易體認到，大盤不是上漲就是下跌，行情一天之內本來就會來來回回，所以隨時修正方向是常態。

　　把這個認知運用在股票時，就是只要基本面或技術線型表現好就買進，表現不佳就賣出，在遵守最初的選股理由之下，買進或賣出都不糾結。而這看似簡單的操作，也是一連串工作經驗、不斷重複操作之下養成的紀律。

一次紀律失守，賠掉一個部門

　　在康和的日子裡，我每天最早到公司，也最晚下班回家，每天長時間盯著電腦螢幕看盤，雖然非常樂在其中，但如此沉迷於金融市場的我，卻因此差點得了乾眼症。

　　就在眼睛出問題後不久，某天收盤後突然收到通知，公司計畫減少人力，讓我意識到可能真的要找工作了。經過深入了解才知道，原來是有位同事未遵守紀律，觸犯風控造成大賠，這在自營部可說是絕對不能觸犯的天條，且不只犯錯的同事，就連主管都連帶有失職之責。

為什麼這樣說？因為自營部的運作邏輯是，正常情況下，交易員只要在時間內虧損達到一定金額上限，公司就會強制停機，不讓他繼續操作，而為了控制風險，公司往往有多道停損關卡，與嚴格的風控機制。

一般來說，第一線是由交易員自行控管，每位交易員都有自己的日風控、月風控額度，例如日虧損額不能超過部位 2%、週累計虧損額不能超過部位 5%、月累計虧損不能超過 8% 等，**目的是避免交易員連續停損、心神不穩定後，會想要賭一把凹單不停損，或是不停盲目交易導致虧損瞬間擴大。**

第二道防線便是主管，當發現交易員的虧損超過風控上限時，就必須強迫對方停止交易，通常達到日風控時，會要求交易員停止交易 3 天，好好靜下心來檢討策略；達到週風控休息 1 週；如果真達到月風控，多半那 1 季都要先暫時休息了。

第三道防線則是部門風控，若整個部門的虧損達到上限，則整個部門都需要重新檢討。

而觸犯風控的那位同事，他本來有可以留倉的權限，也在收盤前留了不少期貨多單，然而隔天大盤因為突發事件導致跳空大跌，那些留倉的部位讓同事在一開盤就觸發風控上限，被停止交易沒辦法再下單。

原則上，此時主管就要立即介入處理，將部位平倉認賠出場，並召開檢討會議。但沒想到主管因為這位同事過去操作績效佳，一時心軟選擇忽略虧損，繼續留著錯誤的部位，期待隔天盤

勢可以向上反彈，能夠減少虧損後出場。但結果有如莫非定律，隔天行情繼續往下跳空，虧損擴大到超過部門風控上限，導致全部門面臨調查與停權，最後整個部門連坐，全部裁撤掉。

這件事情對於當時初入社會的我來說，其實非常震驚，因為在海龜時期，我們的任何操作都只要對自己的績效負責，從來沒想過，不守紀律的結果，有可能是賠掉一整個部門。**紀律問題永遠是投資圈的大忌**，只要一次沒處理好，整個投資生涯都可能因此垮掉，不管過去有多麼輝煌的紀錄都沒用，在我往後的投資中，也會時不時拿這段經驗來管理下屬，和警惕自己。

轉戰可轉債，學習基本面與槓桿

爆倉事情發生不久後，我便離開康和證券，經過幾番面試後，進入兆豐證券的可轉債部門。與先前工作操作台指期當沖不同，可轉債部門主要操作的商品是可轉債及可轉債選擇權，這類型商品通常交易天期較長，屬於波段操作，這時除了技術分析是我的核心技巧外，我開始研究上市櫃公司的財報、產業供應鏈等基本面分析，了解上市櫃公司募資可轉債的發行流程，以及股價在高低檔時發行可轉債的意義。

顧名思義，可轉債美其名是債券的一種，但其實性質更像股票，在市場上的交易價格，多數時候都是隨股價波動。也就是，可轉債是附帶轉換條件的債券，當股價高於某個價格時，就可以用約定的價格把債券轉換成股票，同理，當股價低於某價位時，

也可以轉變成債券，公司會按照票面利率支付利息給持有者。

由此可以理解，**可轉債下跌時像債券，上漲時又像股票**，因此也衍生出一項遠勝於股票的優點，就是下跌時容易有支撐。舉例來說，奇力新（2456，已於 2022 年 1 月併入國巨〔2327〕後終止上市）股價 100 元，若下跌 30% 剩下 70 元，但其可賺債的價格卻可能只從 105～115 元跌到 98～99 元，跌幅只有 10～15%。

細述這種價格現象出現的原理，主要是正常公司的清算程序中，債權人的優先順序高於股權投資人，也就是當公司破產時，債權人會比股東更有保障，這也造就股價雖有高低起伏，但只要公司不倒，債券就有其基本價值，也能夠按照面額（通常是 10 萬元）拿回資金。所以，當看好一家企業時，在適當時機買進可轉債，可以讓交易的盈虧比率更好。

在可轉債部門任職的這段時間，每天都只有忙碌兩個字可以形容，早上七點半就要到公司開晨會，開盤時間除了要交易調整部位，還要寫標的研究報告、整理資訊。收完盤之後還要打起精神參加法說會，並且留意各國央行利率會議的內容，法說會結束後，要再寫一份關於法說會內容的個股研究報告。

忙碌卻很充實，是這段時間最好的總結，這經歷也有許多重要意義，其一是開始接觸基本面分析，成為未來轉職法人業務的最大利器；其二是我日後藉由可轉債商品非常穩定的槓桿，累積了之後的起家資金，包括華航（2610）、奇力新（2456）、

2023 年炸子雞新藥股，你買了嗎？

　　曾經很怕真的得乾眼症，我一度特別關注乾眼症藥物，還在 2023 年投資研究乾眼症新藥的全福生技（6885），起初臨床進度順利，股價從 35 元一路漲至 92 元，獲利超過 1 倍，但在 2023 年底因為第 3 期臨床試驗結果不佳，隔天從 73.8 元跌回 29 元。這次事件讓我深刻理解，新藥領域連全世界最強的一群醫學博士都抓不準，臨床試驗也在海外居多，因此**日後我幾乎不碰新藥股**，只專注在自己能力圈裡的產業。

圖表 1-6 **全福生技（6885）股價走勢圖**

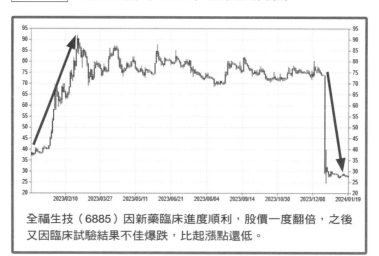

全福生技（6885）因新藥臨床進度順利，股價一度翻倍，之後又因臨床試驗結果不佳爆跌，比起漲點還低。

資料來源：台灣股市資訊網。

東和鋼鐵（2006）、岳豐（6220）、大眾控（3701）、森崴能源（6806）、欣巴巴（9906）、材料-KY（4763）、碩天（3617）、帆宣（6196）、美律（2439）等，可轉債獲利頗豐。

　　為了增進投資能力與人脈，我還加入研究所學長成立的讀書會，領頭學長有壽險部操盤人、承銷部經驗，讀書會裡的同齡成員，都對投資很有熱誠，有不少勤跑法說會、參與第一線產業拜訪的研究員，總能即時更新基本面消息。也由於參加讀書會的契機，在學長的引薦下，我進入中信證券法人部門，開啟了法人業務的歷程。

圖表 1-7　我在可轉債部門時期的每日行程

時間	工作項目	內容
7:30～8:30	晨會	整理新聞、三大法人資訊、標的波動因素
9:00～13:30	看盤、整理資料	調整部位、可轉債選擇權賣方報價、撰寫標的研究報告、整理可轉債發行資訊
14:00～17:00	法說會、利率會議資料	參加上市櫃公司法說會、定期關注央行利率會議
18:00～	寫研究報告	整理當天參加法說會的內容
每週兩次	投資讀書會	討論操作手法、研究標的、產業訊息概況

投資小百科

可轉債選擇權（CBAS）

在可轉債部門工作時，我還學會了可轉債選擇權操作，這項商品的出現，是因為有些投資人只想要可轉債中的債權，所以把股權抽離後，轉換成選擇權商品出售。購買的人只要付出權利金跟利息，即可操作這個槓桿衍生性商品，能夠在股價突破可轉債的轉換價位後，賺取高槓桿獲利。

這項商品就像有錢人的小口袋，相對於權證而言，它不受券商調整隱含波動率影響，更適合 1～2 年長期持有，如果長期看好某檔個股未來 1～2 年的發展，就可以考慮投資它的可轉債選擇權。

3

我一年至少拜訪 100 家
上市櫃企業

　　所謂**法人業務**，即是金控證券總部特別設立、專職服務 VIP 級客戶交易有價證券事宜的營業員，但我們不像銀行理專會推介買賣，簡單的說，就是**大戶們的專屬營業員**，常見的客戶類型包括壽險、投信、銀行投資部門基金經理人、公開發行投信基金經理人、大型上市櫃公司投資部及中實戶（身家破億且有高額成交量）等，一家證券公司通常只有 5～8 名法人業務。

　　法業的日常，除了一樣需要每天看盤，另一大主要工作內容，就是約訪上市櫃公司，並帶客戶一起前往拜訪，或是客戶主動想了解某家公司時，幫他們聯繫安排；其餘還有舉辦法說會，和陪同客戶前往法說會地點。

　　不過法業工作不僅是聯繫約訪而已，在出發拜訪之前，還必須先研究約訪公司的資料。因為並不是每一個客戶都會先準備好，想了解這家公司的哪些面向，也可能還不夠熟悉這家公司，或是聽完公司負責人的簡報後，需要時間消化問題，這時就需要

我在法人業務時期的每日行程

時間	工作項目	內容
7:30～8:30	開會	
8:30～12:00	看盤	收集公司產業報告資訊給客戶
13:00～14:00	約訪客戶	拜訪投資公司與法人
14:00～17:00	上市櫃公司座談會	整理座談會內容
17:00～18:00	約訪客戶	詢問客戶會後想法
20:00～24:00	做功課	估算拜訪公司的基本面

法業的專業，協助客戶提問或整理訊息；若是參加法說會，則會幫客戶提問公司短期營運方向與目標等。

剛成為法人業務時，可說是轉換工作及操作模式的磨合期，一方面逐漸熟悉完全不同的交易週期，另一方面開始注重公司的基本面本質與變化，現在回想起來，這是難得的機會，可以避開很多轉換期的學習成本，且平均1年深入拜訪超過100家公司（這數量還不含大型法說會），產業知識與人脈也迅速擴建。

這段時間也促成我中長線波段交易成型，聚焦出現轉機、有機會爆發性成長的產業，再從相關公司中地毯式搜索標的，我稱為「大猩猩選股法」（見第2章第5節）。這類型公司有大客戶、新產品或新市場為底氣，其中任何一項利多，都可以大幅提

升公司營收或是市場評價，市場評價也就是本益比上升，這些對股價上漲都非常有幫助。鎖定公司之後，我會再**以技術面尋找與法人、中實戶成本接近的買進點**，這也是藉由法業工作與大戶們請益累積而來的經驗，能觀察出大戶們喜歡的進場時機。

發言人對獲利保守、對訂單有信心，是好事

如同在序文中所說，法業陪同客戶拜訪公司或參加法說會，可以近距離向大戶們學習，隨著經驗累積，另一方面也能從公司發言人的回應方式，預測未來股價方向，曾經拜訪過的岳豐（6220）即是一例。

岳豐（6220）股價直到 2016 年年中之前，長期在十幾元盤整，每天的成交量不到 1,000 張，是一檔十足的冷門股。當時有位資深客戶卻希望能拜訪岳豐（6220），並請我安排約訪。

我在出發前先做足了基本面功課，了解岳豐（6220）主要產品為連接器，那時接到大量訂單、公司營運轉佳，還併購了美國同業，想做電商業務。有併購與取得新國際通路的利多加持，岳豐（6220）的股價和業績都有機會出現大幅成長。

記得第一次安排約訪時，可以感受到岳豐（6220）的發言體系非常保守，過往經驗告訴我自己，如果是行政派主導發言，比方說是由財務部，稽核部、法務部出面接待法人，通常提出的公司展望都會趨於保守，可能只會說產業上下游正出現改變，未來業績應該能有不錯的表現。但因為約訪時股價已來到 25～27

波段的紀律

元，成交量也加溫到 5,000～10,000 張，若公司保守發言，法人客戶多半會按捺不住，開始追問更多營運展望。

觀察公司**發言人**的反應，若是**對獲利保守，卻對訂單有信心，通常就是好事**，這時厲害的法人常會故意用低估的財務模型來試探，如果公司否認，就稍微上修，以此不斷來回攻防。雖然面對法人時，公司發言人保持客觀中立永遠是最佳解，但過度保守卻會讓公司股價出現大幅波動，比如公司明明前幾個月營收都上升，股價隨之上漲，如果接下來進入營運旺季時還否認成長，那股價便會大幅下跌。

拜訪岳豐（6220）的回程路上，我與客戶一起估算它的預估獲利 EPS（Earning Per share，每股盈餘），發現本益比不到 10 倍，是不錯的投資機會。再依照上下游訂單推估，帶入財務模型計算，發現那一年岳豐（6220）營收要成長 50% 問題不大，EPS 應該也能輕鬆挑戰 5 元，再加上若電商新業務能順利成功，本益比有機會受市場上調評等，挑戰 20 倍本益比，一番估算後認定股價上檔空間非常大。

之後幾次拜訪，市場對岳豐（6220）的關注度越來越高，從一開始的約訪行程，慢慢變成大型法說會，連原本保守型發言人言詞中都藏不住喜悅，EPS 從前一年 0.6 元上升到 3.14 元，股價也扶搖直上，最終飆漲到 75 元，距離最初拜訪時，漲幅達到 2 倍以上（見右頁圖表 1-9）。

後來與客戶討論出場時機，認為隨著營收與獲利開出，發

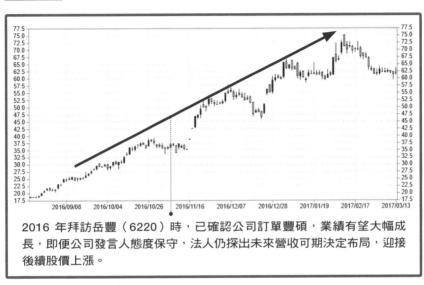

圖表 1-9　岳豐（6220）股價走勢圖

2016 年拜訪岳豐（6220）時，已確認公司訂單豐碩，業績有望大幅成長，即便公司發言人態度保守，法人仍探出未來營收可期決定布局，迎接後續股價上漲。

資料來源：台灣股市資訊網。

現原先預估的 EPS 5 元有難度（但當時市場似乎因股價上升而過於樂觀，投資人都容易因為股價上升，就覺得公司基本面變得更好），若達不到預估的 EPS，代表本益比已經超過原先預期的 20 倍，假使隔年營收不能維持兩成以上的增長，本益比很可能會下修到 20 倍以下。由於岳豐（6220）生產連接線產品，屬於傳統電子產業，通常本益比只有 11～13 倍，我便趁市場評價過熱時離場。

法說會人氣變旺？可能是退場訊號

2017 年初，手機興起一陣多層電路板的商機，蘋果與非蘋陣營都為了追求性能，開始使用更高階的印刷電路板（PCB，由基板、絕緣、銅箔組成的電路基板，在上面印刷與蝕刻製成電路，是電子元件的支撐體）產品，我與客戶一起注意到這個趨勢後，便對國內的 PCB 大廠華通（2313）產生興趣，決定一起前往拜訪。

原本以為我們只有 5 人的約訪團，華通（2313）的接待意願可能不高，但沒想到邀約過程卻非常順利，發言人更是熱情又好奇的問：「怎麼會想看我們？我們這個產業乏人問津很久了。」還強調歡迎其他客戶一起來，可以看出對方非常樂於分享公司與產業將進入下一個階段。

拜訪時，發言人一直表示當時正處於公司調整轉換期，和我們聊了很多公司發展趨勢。仔細解析後認為，2017 年大部分 PCB 產業的題材，都是收到了多少蘋果訂單，但那一年除了蘋果之外，華為也開始加大採用多層板，等同於當年上半年的安卓（Android）手機、下半年的蘋果新機訂單，都會形成不錯的成長力道。再加上華通（2313）新研發的軟硬複合板隔年也接到大單，是手機進入多鏡頭階段後會大量使用的零組件，使得連續兩年的成長態勢都非常明確，事後股價果真隨著業績上升，由當年度 17 元附近一路上漲到 50 元（見右頁圖表 1-10）。

岳豐（6220）與華通（2313）發言人呈現兩種不同回應，其

圖表1-10 華通（2313）股價走勢圖

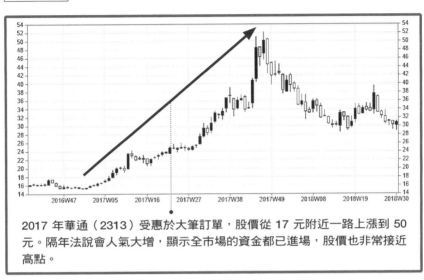

2017 年華通（2313）受惠於大筆訂單，股價從 17 元附近一路上漲到 50 元。隔年法說會人氣大增，顯示全市場的資金都已進場，股價也非常接近高點。

資料來源：台灣股市資訊網。

中落差讓我印象深刻，另外還有一個有意思的現象，就是兩家公司的「法說會人氣」變化，讓我領略到，它也是一個有效的技術指標。

　　這個指標該怎麼使用？當**股價在盤整及上漲初期時，想要拜訪該公司的人很少**，參加法說會的法人也不多，但當**股價來到主升段、甚至主升段末期時，想了解公司的人數會大增**，經常看到公司把員工講堂、員工餐廳挪出來開法說會。記得第一次拜訪華通（2313）時，是在他們的一般會議室，時隔一年再訪，已經是在員工餐廳，因為參加者實在太多，當時全市場的資金都已經進

場，股價距離高點也非常接近。

　　不僅當年的岳豐（6220）與華通（2313）如此，2023 年 AI
（Artificial Intelligence，人工智慧）大流行前後，概念股廣達
（2382）與緯創（3231）的法說會也一樣，從乏人問津到萬人空
巷，套句技術分析常講的：「趨勢來時要上車，趨勢反轉前要離
場。」我想法說會人氣指標絕對是個不錯的參考依據。

圖表 1-11 緯創（3231）股價走勢圖

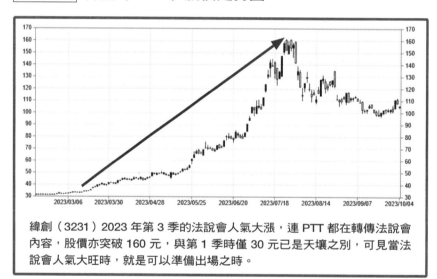

緯創（3231）2023 年第 3 季的法說會人氣大漲，連 PTT 都在轉傳法說會
內容，股價亦突破 160 元，與第 1 季時僅 30 元已是天壤之別，可見當法
說會人氣大旺時，就是可以準備出場之時。

資料來源：台灣股市資訊網。

4

前輩帶領，
讓我看懂飆股的長相

臺灣上市櫃公司賺取的，大都是全球供應鏈的中間財，產業邏輯是一線業者最容易拿到品牌訂單，當產能滿載後，訂單就會往二線業者移轉。因此，只要龍頭股法說會對產業釋出樂觀展望，就可以開始往次族群、二線業者找標的。

要判斷產業是否出現轉機，除了研究國家政策、研調機構數據、法人報告之外，也可以觀察各廠商對於景氣的看法是否出現轉變，這時我會**善用法業工作的優勢，不斷記錄與驗證這些公司的說法**。例如，有些公司在舉辦法說會或接受媒體採訪時，會稍微描述訂單狀況，這時便可以記錄下來，之後驗證其準確性。**長期下來，這些就成了我的資料庫，有助於往後在法說或研究報告中找到蛛絲馬跡時，提前卡位有潛力的產業。**

熟記產業淡旺季，股價下跌照樣有信心

2015～2019 年，電子新產品幾乎都圍繞著蘋果轉，誰能打

波段的紀律

入蘋果新機的供應鏈，業績必然大幅度上升。2017年中旬，我注意到蘋果當時非常積極研發真無線藍芽耳機（TWS），以及提升手機的防水聲學元件，還發現媒體開始關注報導康控-KY（4943）這間冷門公司。研究後發現，康控-KY（4943）產品能做到蘋果要求的防水等級，還受到當時蘋果主要聲學元件供應鏈美律（2439）轉投資，有機會成為蘋果聲學元件主要供應商，便吸引我研究的興趣。

起初，市場上相信康控-KY（4943）故事的投資人不多，但是2017年5月後，康控-KY（4943）的營收逐月向上飆升，市場關注度突然大舉提高。我持續關注股價發展，看著價位先在100元震盪了幾個月，然後快速上升到240元附近，之後再殺回170元。

當時許多客戶都快失去信心，但也有持續看好的大戶，我請教他們的看法，對方告訴我，**通常初次打入蘋果供應鏈的公司，第1年的獲利毛利率都不會被砍價，反而還會因為是獨家供應，享有高毛利率**，而且蘋果供應鏈的旺季，依產業地位不同幾乎都落在第3季之後，所以一定要等實際營收與獲利大幅度開出後，調整財務數字評斷股價。

另外也需要財務數字證明，公司是否真的有出貨訂單與得到高獲利，只要數字比預期大增，市場會快速追價讓壓抑的股價再漲一波。他們同時也會觀察上下游族群，例如美律（2439）的股價也有所表現，代表市場全面性認同，就有信心繼續等下去。

　　隨後康控-KY（4943）的股價在 2017 年底飆升到 624 元，是當年度漲幅最高的股票之一，但一個月後又回落到 400 元以下，然而大部分厲害的投資人都能在 400 元以上獲利了結（見圖表 1-12）。

　　原因在於，股價在短短 1 年之內從 100 元漲到 600 元，已經充分反映基本面獲利，且當時已是年底，公司出貨旺季已過，新的一年**蘋果重新篩選供應鏈時，會用一貫手法尋找新的供應鏈，同時要求既有供應商康控-KY（4943）擴廠以壓低製造成本**，除非康控-KY（4943）的技術能像當年的大立光（3008）一樣，持

圖表 1-12　**康控-KY（4943）股價走勢圖**

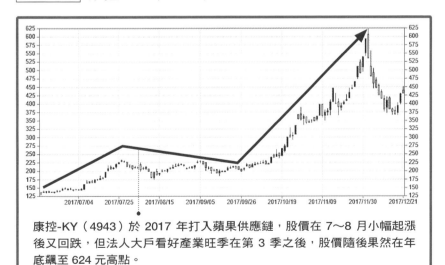

康控-KY（4943）於 2017 年打入蘋果供應鏈，股價在 7～8 月小幅起漲後又回跌，但法人大戶看好產業旺季在第 3 季之後，股價隨後果然在年底飆至 624 元高點。

資料來源：台灣股市資訊網。

續多年都難以被取代，否則**通常 1～2 年後獲利便會快速衰退**，即使擴廠也會被蘋果殺價或轉單。

擴產是利多？別急，發酵需要時間

在 6 年的法人業務經歷中，若扣除一些常見的座談會，每年我起碼都會親身拜訪超過 100 家公司，包括大部分經理人沒興趣的股票，都會被我納入拜訪名單。因為我一直有個理念，就是法業也要推薦值得拜訪的公司給客戶，因此我會陪伴冷門公司成長，等待出現真正好的商業模式時，協助其曝光，讓公司與投資人一起互惠。

而在這些冷門股票中，最值得一談的就是綠河-KY（8444）的拜訪經驗。綠河-KY（8444）是一間位於泰國曼谷的木料加工廠，初期業務主要是天然橡膠木裁切與厚實板加工。因為市場多半對 KY 公司（按：在其他國家註冊登記、僅在臺灣上市的公司）的印象不太好，所以當時綠河-KY（8444）喊出要募資蓋廠時，法人都充滿疑慮。

在這樣的情況下，有位前輩便建議綠河-KY（8444），可以帶對於集資有興趣的法人到國外親自看廠，綠河-KY（8444）接受了這項提議，我們一行法人也真的去了泰國。

當時我們先飛到曼谷，再搭上綠河-KY（8444）準備的小型飛機前往南泰，從起飛到下降的過程中，眼前只有一望無際的橡膠樹林，下了小飛機後還要再搭車才到達廠區。實地拜訪後我們

才知道，原來綠河-KY（8444）建廠是為了深入橡膠樹林，因為他們的厚實板原料就是橡膠樹的邊角料，將廠區深入樹林，才能壓低生產成本。

　　但綠河-KY（8444）在 2017 年擴廠之後，股價並未上揚，反而持續下跌，主因是擴廠成本太高，造成折舊費用大增，而新廠的效益也要到 2020 年後才開始發酵（見圖表 1-13）。

　　公司擴產效應多半需要 3 年才會真正顯現，因此如果公司短期大幅度擴產 5 成以上產能，需要大舉募資與大量的訓練人力設備，我會建議先避開，以免股價隨著公司進入陣痛期，削減

圖表 1-13 綠河-KY（8444）股價走勢圖

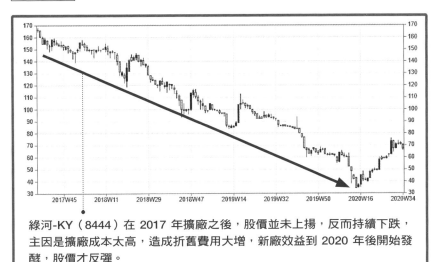

綠河-KY（8444）在 2017 年擴廠之後，股價並未上揚，反而持續下跌，主因是擴廠成本太高，造成折舊費用大增，新廠效益到 2020 年後開始發酵，股價才反彈。

資料來源：台灣股市資訊網。

投資效益。我們只是股東，不是公司經營者，主要參與公司營運上升階段，所以**等到擴產效益出來後再入場就好**。

　　此外，擴產的公司也容易被大客戶綁架，因為已經投注了巨大的資本支出，大客戶常會用訂單脅迫其降價，導致與最初規畫的營運模型不同，出現營運陣痛期，2022 年的 ABF 載板（按：由 Intel 主導研發的 IC 載板）三雄欣興（3037）、南電（8046）、景碩（3189），便是大擴產後遇到客戶去庫存化取消訂單，導致產能利用率大舉下降，獲利進入衰退期，這個現象不可不慎。

加班好累？可能是提早布局的契機

　　對於一般投資人來說，可能會覺得了解產業資訊、聽取一場場法說會很曠日廢時，所以很多人問我，有沒有其他同樣值得參考的指標。我要分享，詢問科技業的朋友有沒有加班，其實也是很好的選股方法，這件事情在我初入行時就深有體會。

　　我剛轉行為法人業務時，對產業面的認識還不深，有段時間偶然注意到，有位工程師朋友一直抱怨公司瘋狂加班，更提到老闆不僅希望員工加班，還願意先頒發獎金。我聽到後眼睛為之一亮，進一步打聽，得知那是功率放大器（Power Amplifier，簡稱 PA）代工廠宏捷科（8086），於是決定安排一場約訪。

　　宏捷科（8086）位於臺南，竟安排在 12 月 24 日聖誕夜這天，只好向當時的女友抱歉了。當天有一些法人客戶同行，其中

一位經理人還一直質疑，為什麼要看這間「過去財報預測常常失準」，地點又非常偏遠的小公司。到底有多偏遠？我們從臺南市區坐計程車到宏捷科（8086），車資高達 650 元，計程車司機甚至願意原地等待，再載我們回市區。

　　但儘管路途遙遠，這趟拜訪仍收穫豐碩。宏捷科（8086）總經理熱情簡報了 3 小時，表明公司獲得國際大客戶的大訂單，前景看好，對照同產業的全新（2455）及穩懋（3105），對於當年的營業展望也都口徑一致，讓同行客戶都對這間公司改觀，還改口說我很會推薦公司。

圖表 1-14 宏捷科（8086）與全新（2455）股價走勢比較圖

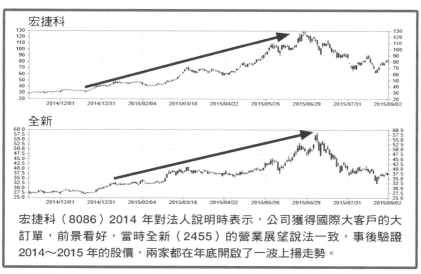

宏捷科（8086）2014 年對法人說明時表示，公司獲得國際大客戶的大訂單，前景看好，當時全新（2455）的營業展望說法一致，事後驗證 2014～2015 年的股價，兩家都在年底開啟了一波上揚走勢。

資料來源：TradingView。

波段的紀律

　　從 2014～2015 年的股價驗證，宏捷科（8086）與全新（2455）的股價，在 2014 年底都開啟了一波上揚走勢（見上頁圖表 1-14），這次經驗讓我日後只要有朋友聚會，都會特別注意那些抱怨加班很累的朋友，在哪家公司上班，像是 2018 年，我就注意到以國巨（2327）為首的被動元件大廠都在加班，當年股價果然出現一波漲勢。

股本太小、胃口太大的公司，別碰！

　　新產品、新市場雖是出現波段飆股的契機，但遇到股本小、卻又什麼都想做的公司，反而千萬要小心，因為很容易最後資源分配不均，兩邊都做不出來業績，飆股失敗。

　　由於小公司資源有限，較好的發展是專注在單一客戶及少量產品上，如果又要跟 A 客戶合作，又要與 B 大戶共同開發，一旦發展過程出錯，很可能瞬間賠光小小股本。這樣的公司往往只是在畫大餅，讓股價短線上漲，誤導投資人以為基本面會實現，但結局常是基本面跟不上，股價開始崩跌。因此，只要發現公司透露未來計畫後，實際營收開出不如預期，切記立刻停損，無須再給任何機會。

另外也想提醒大家，一間公司過去的財測失準，不一定是經營者的問題，有時只是市場不認同，或是時間點還沒到，所以追蹤與研究其背景非常重要。若只是抱持懷疑，不進一步確認，當大家都說這是家好公司時，股價也已經漲過了。

雷老闆的波段投資金律

- 進場理由一旦消失，立刻出場。

- 每筆交易都要弄清楚自己能承受的停損範圍。

- 專注於自己的操作，不要因為別人的報酬率較好而浮躁。

- 法說會人氣，是值得參考的技術指標，人氣過旺反而該退場。

- 公司擴產效應至少 3 年才會顯現，別急，等效益出來再上車。

- 賺再多個 100%，虧損時也只有一個 100% 可以賠。

Chapter

2

管他熊市、牛市，
我照賺波段

1

波段報酬，至少要 50% 以上

　　在把操作重心轉移到股票後，我每天都會花一點時間，訓練自己的掛單技巧以及產業知識，這些都是投資必要的操練，不能荒廢。同時也逐漸拓展操作模式，包括短線的事件型交易、中長線的波段及可轉債等，但主要獲利來源還是集中於股票波段操作，而且隨著年紀增長、投資部位加大，**波段報酬會追求超越50% 以上的獲利**。

　　我認為，所謂**波段操作，應是專注在能夠獲利多少，如果選錯趨勢，抱得再久也沒用**。若是抱成了「存股」想等待奇蹟，那也只是在賭運氣，就怕存了若干年，都回不到自己當初判定的投資價值；而就算回到了買進時的成本，也早已不是當初買入時所評估的基本面。

　　因此，**波段獲利應該以絕對漲幅來看**，通常一檔股票要反應基本面，會隨著故事題材明朗，以及部分財務數字開始出現更強烈的表現，若想要有 50〜100% 的漲幅，約莫需要 1〜3 個月。

而這也是為什麼，很多人認為波段操作很難，因為**散戶多半認定，只要持有一、兩天沒賣掉就算「久」，忽略了股價正常表現所需的時間。**

從另一個角度來舉例，如果一檔股票預期在半年內從 100 元漲到 200 元，結果市場一頭熱、瘋狂喜歡這個題材，才 10 天就漲到 200 元，用時間來看，這個波段就只有非常短的 10 天，因此我要特別強調，**所謂波段部位，不是看你抱多久，而是要看報酬率。**

對於一般散戶，我最建議大家學習中長線的波段操作，原因在於，越短線的操作方式越需要高度集中力，以及賺賠比的容忍度很低（詳細見第 3 章），如果白天有正職工作，無法隨時看盤，就很難做得贏專業投資人，結果可能白忙一場或甚至虧損。

此外，**波段操作不用在盤中隨時擔心下一秒的損益，**但如果是短線操作，目標多半只是 3～5% 的獲利，那麼停損一定會設定在 1～2% 左右，才符合長期的賺賠比，而以 2024 年台股已經來到 20,000 點以上，個股一日內的波動比率動輒 5～10%，就必須一直坐在盤前緊守買賣點，否則很難在價位一到的瞬間馬上進行操作。

從法說會和財報，鎖定會漲 30% 的公司

我在操作波段時，會先研究基本面，找出未來漲幅至少能達到 30～50% 以上的個股，再參考技術面決定買賣點。為此，我

改良了市場上常見的「由上而下」及「由下而上」選股法，發展
出兩套操作方法，而技術面則會採用我自己歸納出來的「鑽豹三
刀流」（見第 3 章），選擇時機入場。

　　一般投資人在評估一檔股票的基本面時，會以總體經濟、產
業、公司等面向開始研究，由上而下的投資法，便是指先看總體
經濟，再分析產業趨勢，最終從看好的產業中，選出營運狀況較
好的公司。使用這種方式的投資人通常認為，景氣、產業對公司
的獲利影響非常大，基於這個研究順序，我的上而下選股法即
是：先判斷景氣是正由谷底翻轉或加速擴張，找出有潛力的產
業，再從中選出股價較有機會發動的個股。

　　另外一種由下而上的投資法，則是認為總體經濟的趨勢不易
判斷，因此較不關心大環境對於投資氛圍的影響，反倒著重在找
到一間長期成長的好公司。這樣的投資人會更關注於公司的財
報、營運情況，接著再評估個股在產業中的潛力，最終才考量總
體經濟的情勢。對於這種由下而上的選股，我的做法是先評鑑公
司的財務報表，聽取該產業龍頭的法說，找出具成長潛力的股
票，接著再以「大猩猩選股法」（見第 2 章第 5 節）進行第二階
段的篩選，過濾出最有潛力的公司。

　　上述這兩套扎實的基本面研究方法，可以幫助我們建立固定
的股票價值衡量基準，這樣不僅能夠快速鎖定未來漲幅較有機會
超過 30～50％ 的標的，停損點的設置也會更加精準，有效提升
獲利的賺賠比。而最大的好處是，即便盤勢出現大幅波動，也不

波段的紀律

易動搖持股信心，不管獲利還是虧損都抱得住。

圖表 2-1 由上而下投資法

> 分析總體經濟：判斷景氣是正由谷底翻轉或加速擴張

↓

> 預估產業發展：找出有潛力的產業

↓

> 找出公司：選出股價較有機會發動的個股

圖表 2-2 由下而上投資法

> 找出公司：評鑑公司的財務報表

↓

> 檢視族群性輔助：聽取同產業龍頭股法說

↓

> 評估在產業中的發展性：以大猩猩選股法篩選

用預估 EPS 找合理價，避開地雷股

相信看到這裡，大家都已經迫不及待想要學習這兩套選股方法，不過在開始說明之前，我還是要先介紹一個非常基礎的財務模型——本益比估價法。為什麼這個估價法非常重要，又必須先理解？因為接下來的選股方法，其核心邏輯都與這小小的一行公式有關。

一般投資人常用的本益比公式如下：

> **合理股價＝去年 EPS×本益比**

但法人使用本益比時的算法有些微不同：

> **合理股價＝預估 EPS×本益比**
> **預估 EPS＝今年全年或明年全年預估 EPS**
> **本益比＝參考同產業、個股過去歷史本益比**

首先，傳統財務教科書中提到的本益比概念其實很簡單，就是「買進股票後，多久可以回本」。以一般常用的本益比公式來看，假設一家公司每年可以賺取 10 元，股價為 100 元，則投資人只要買進 10 年，就可以成功回本。也就是說，只要能夠算出

公司的 EPS 和本益比，就能夠得知合理的股價。

但須留意的是，由於**臺灣的企業多以電子代工廠為主，獲利變化浮動大**，企業每一年營運狀況都不同，所以**若以「過去」的EPS 推算合理股價，很容易挑到業績正在走下坡的地雷股**，或遇到買進後股價便一路走低的情況，這也是使用這個公式的最大盲點。

對此，法人在實務上的處理方法也很簡單，就是透過財報、上下游訪問、訂單調查等方法預估公司未來的 EPS。一般靠近年初時，會以當年度預估 EPS 帶入公式，若時序接近年底，則是會改用預估隔年的 EPS，例如若在 2024 年初時，會用 2024 年的預估 EPS 來推算股價；若是到了 2024 年底，則會傾向使用 2025 年預估 EPS 推算。有一特別狀況是，如果確定公司業績是高幅度成長，股價在年中就已開始上漲，便會先用隔年的預估 EPS 推算股價。

產業成長型股票，別鎖在 10 倍本益比

至於本益比，就比 EPS 好處理，通常以同族群、個股歷史本益比作為參考，另外題材的吸引力、產業的成長性、個股未來成長性、大盤的強弱及氣氛，也是考量的要點。這些衡量標準雖然頗為主觀，但還是可以透過多看研究報告猜出市場的看法，有個偷吃步的方法是**先以 10 倍評估，若是成長型公司還能有 10～12 倍本益比的股價，下檔風險相對安全**，因為目前台股平均本

益比約落在 15～20 倍，只要不是營運虧損，股價在 10 倍本益比附近的公司，再下跌的通常有限。

但也必須提醒一點，假如看到了一個很明確的產業成長趨勢，這時只要選定的股票在業界有一定影響力，就千萬不要用 10 倍去計算。因為公司在遇到轉機之前，長期經營不順利導致 EPS 在 0～1 元附近，股價很容易在低檔的 10 倍本益比附近徘徊，淪為雞蛋水餃股，然而一旦市場開始注意到公司轉機後，長期沒有成交量的公司受到青睞，造成股價突然底部爆大量漲停，這時投資人看到股價衝出去後，反而常會因為被之前股價在 10 倍本益比附近定錨，結果拘泥於價位一下子脫離區間而不想買，期待再回到低檔後再買。但這通常不會發生，因為如果產業確實好轉，各類型大戶都會進來卡位，股價很難再回到最低點。尤其價位在 10 元左右的股票，只要公司虧轉盈，一般都會以 15～20 倍以上的本益比來估算，因此都還有很大的漲幅空間。

像是大眾控（3701）的股價，2020 年上半年一直在 14 元以下徘徊，當單季獲利虧轉盈後，開始走升到 15 元之上，如果用當年度 EPS 1.26 元、12 倍本益比來看股價，可能會覺得太高，但虧轉盈通常挾帶廣大轉機題材，站在法人的角度，多半已經開始預估未來兩、三年 EPS 會大幅成長，或認為題材會受市場喜愛，股價果然在當年度就從 14 元一路飆漲至 98 元，過程中都沒有再回到 15 元以下過（見下頁圖表 2-3）。

圖表 2-3 大眾控（3701）股價走勢圖

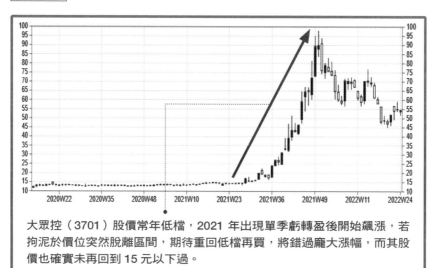

大眾控（3701）股價常年低檔，2021 年出現單季虧轉盈後開始飆漲，若拘泥於價位突然脫離區間，期待重回低檔再買，將錯過龐大漲幅，而其股價也確實未再回到 15 元以下過。

資料來源：台灣股市資訊網。

　　另外，趨勢題材的股票，通常會有 15～20 倍的基本本益比，可以從我在 2022 年底與 2023 年底，兩次大推綠電產業看出。因為臺灣重電（按：高電壓、大電流及高功率的電氣工程領域）產業具有寡占效應，主要由士電（1503）、中興電（1513）、亞力（1514）、華城（1519）等公司主導，重電產業必需的零組件皆由這 4 家公司生產，當時股價都落在 10～13 倍本益比左右，但因企業成長性明確，因此我敢大膽看好，等大部分投資人注意到時，基本都有 20 倍本益比的評價，光是本益比就可以讓股價調升 1 倍，更不用說業績上修後對公司帶來的影響（見右頁圖表 2-4）。

圖表 2-4 士電（1503）股價走勢圖

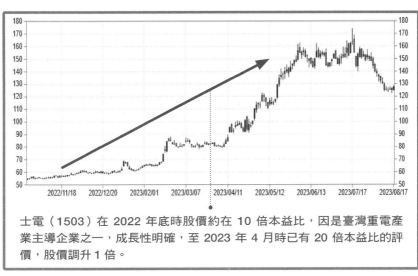

士電（1503）在 2022 年底時股價約在 10 倍本益比，因是臺灣重電產業主導企業之一，成長性明確，至 2023 年 4 月時已有 20 倍本益比的評價，股價調升 1 倍。

資料來源：台灣股市資訊網。

　　臺灣產業的本益比有些慣性（見下頁圖表 2-5），不過這些倍數僅供參考，因為實務上，個股的成長性會影響本益比倍數。通常電子股中成長較強的產業，像是 IC 設計、晶圓代工都享有比較高的本益比，但若是 ODM（Original Design Manufacturer，原廠委託設計代工）組裝廠、PCB、電子零組件等比較成熟的產業，本益比就會比較低。

　　另外傳產股如成衣、製鞋、汽車零組件等，普遍本益比都落在 10〜13 倍上下，主要原因在於產業變動性相對小，訂單狀況也較穩定，不像電子股容易受景氣影響，或因為接到大單就突然獲利大幅跳增，所以市場給予的本益比明顯要比電子股更低。

圖表 2-5 常見產業別的本益比落點

產業別	本益比倍數
IC 設計	30 倍以上
砷化鎵（為第二代半導體主要原料之一，應用於高功率傳輸、LED 發光體領域）	20～30 倍
晶圓代工	15～30 倍
IC 載板	15～20 倍
光學鏡頭	12～15 倍
半導體封測、PCB、被動元件、電子零組件	10～15 倍
成衣、製鞋	10～13 倍

　　整合上述內容，我們可以從法人使用的本益比公式，延伸出一個非常重要的關鍵概念，即是「當股票的 EPS 持續向上成長，又本益比也不斷向上提升時，合理股價就會水漲船高。」而我接下來將介紹的選股法，就是基於這樣的邏輯，去找出未來 EPS、本益比有機會同步提升，並且具有中長線波段飆漲潛能的個股。

10 倍本益比時買進，長線漲幅可達 50%

　　以我近幾年應用這些方法選股操盤的經驗，當一檔股票過

去股價在本益比 10～15 倍波動，只要未來展望沒有太多利空，本益比回到 10～11 倍時的價位，就是一個很好的介入空間，短線通常有機會賺取 15% 左右的獲利。而中、長線則可以再加碼鎖定 EPS 有機會成長 30% 以上的股票，未來只要股價往本益比上緣 15 倍跑，甚至搭配新題材而有更好的評價調升空間，達到 15～20 倍本益比，股價漲幅就有機會達到 50% 以上。

　　2023 年 10 月時台股大盤整體氣氛不佳，太陽能產業的中美晶（5483）股價回落至 160 元附近，以公司 2020 年至 2022 年 EPS 分別為 10.82 元、11.62 元、14.87 元，2023 年營收成長狀況之下，當時預估 EPS 有機會達到 16 元以上。但公司在成長、股價卻持續在 10 倍本益比附近，明顯不合理，之後股價果然上揚，在 2024 年 3 月來到 245 元的高點，漲幅多達 50%。若買進後只放到 2023 年底就出手，當時股價最高 207.5 元，漲幅亦有 30% 之多（見下頁圖表 2-6）。

　　該年度另一檔權值股聯詠（3034）也是相似的狀況，當時預估 EPS 有 37 元以上，但股價位在 422 元，本益比也僅有 10～11 倍左右，不到兩個月後，2024 年初就漲到 600 元以上。權值股尚且如此，就更不用說一些中小型電子股了（見第 81 頁圖表 2-7）。

　　最後也分享一個觀念，當操作的時間拉得越長，基本面的影響通常就更大，更為精準的評價上述公式就越重要，且實際統計結果也顯示，臺灣每一年的大飆股，幾乎也都符合上述基本面邏

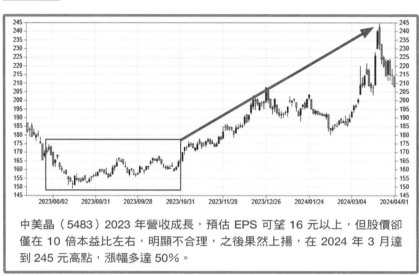

圖表 2-6 中美晶（5483）股價走勢圖

中美晶（5483）2023 年營收成長，預估 EPS 可望 16 元以上，但股價卻僅在 10 倍本益比左右，明顯不合理，之後果然上揚，在 2024 年 3 月達到 245 元高點，漲幅多達 50%。

資料來源：台灣股市資訊網。

輯。而就算不少散戶並不依賴基本面，但現階段台股多數參與者，像是外資、投信、壽險、自營商、中實戶等，仍會使用預估本益比公式，因此了解公式、跟著大戶一同判斷股票價位，自然有助於提升自身勝率。

在接下來的章節中，我也會陸續揭露結合公式與實戰策略的整套選股方法。首先透過六大評鑑指標，學習判斷未來 EPS 有機會大幅成長的財報；接著是利用大猩猩選股概念，了解四個影響本益比的關鍵要素；最終分享如何透過法說會找出即將出現轉機的產業，和如何選擇產業中的飆股，看完這些章節後，相信一般散戶會對法人選股法的脈絡有更清晰的認識。

圖表 2-7　聯詠（3034）股價走勢圖

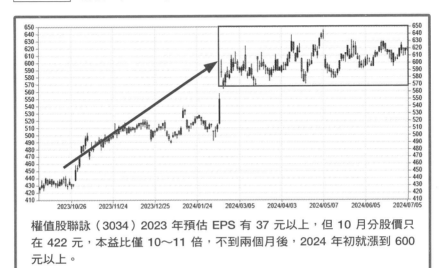

權值股聯詠（3034）2023 年預估 EPS 有 37 元以上，但 10 月分股價只在 422 元，本益比僅 10～11 倍，不到兩個月後，2024 年初就漲到 600 元以上。

資料來源：台灣股市資訊網。

2

每月營收公布日
——投資人最興奮的日子

　　每個月接近 10 日是我最興奮的時候，因為臺灣有一個和全球股市非常不一樣的制度，就是：**上市櫃公司最晚在每月 10 日以前，須揭露上個月的營收**（遇假日順延至下一個交易日）。這個制度與投資環境，造就許多特殊的交易策略。比較常見的是，很多當沖客會利用營收公布過後，股價波動會放大的特性，挑選前一日公布營收的股票做趨勢型當沖，企圖掌握長紅 K、長黑 K 的行情。

　　我自己以前也非常喜歡營收公告帶來的獲利機會，這段期間，無論個股營收數字是優於抑或低於法人預期，股價往往都會出現較明確的走勢，就有當沖的利潤；甚至若開盤第一筆單就打對方向，立刻衝出 2% 以上的空間，還可以繼續抱著讓獲利奔跑，並接著掌握日線的小波段行情。

　　不僅如此，假如個股營收有比較明顯的成長或衰退，有時股價還會在數據公布前提早表態，甚至出現較強勁的連續上漲或下

波段的紀律

跌行情，若是經過統計找出慣性，就會是非常值得留意的交易機
會，勝率通常也能保持在一定水準之上。

　　以聯詠（3034）來說，我計算過他們近 5 年最常公布營收的
日期，是在每月 6 日，會提前或延後，多半是遇到假日或補休，
所以每當接近 6 日時，就可以特別把聯詠（3034）加進自選股，
提前在盤中觀察有沒有成交量放大的現象，伺機進行當沖操作
（見圖表 2-8、右頁圖表 2-9）。

財報是驗證公司營運的成績單

　　儘管我現在已轉往波段報酬的操作模式，比較不在意股價的
短期波動，但仍非常重視營收公布日，因為能快速獲得的基本面

圖表 2-8 聯詠（3034）近 5 年財報公布日統計

年度／季度／ 財報公布日	第1季	第2季	第3季	第4季
2020年	5月6日	8月6日	11月6日	2021年2月25日
2021年	4月26日	7月30日	10月29日	2022年2月25日
2022年	4月28日	7月29日	10月28日	2023年2月24日
2023年	4月28日	7月29日	10月27日	2023年2月29日
2024年	4月26日	7月29日	尚未公布	尚未公布

資料來源：公開資訊觀測站。

圖表 2-9 聯詠（3034）近 5 年營收公布日統計

日期	次數	機率	日期	次數	機率
每月1日	0	0%	每月8日	6	10%
每月2日	0	0%	每月9日	0	0%
每月3日	0	0%	每月10日	1	2%
每月4日	2	3%	每月11日	1	2%
每月5日	4	7%	每月12日	0	0%
每月6日	32	53%	每月13日	0	0%
每月7日	13	22%	每月14日	1	2%

註：每月15日至31日公布次數皆為0，故省略。
資料來源：公開資訊觀測站。

資訊就是月營收，它也是審視持股營運表現是否及格的重要成績單，通常法人在拜訪個股公司時，對方會對於未來一至兩個季度的營運狀況給出展望，而透過營收公布，就可以反過來檢視公司的說法是否精準。

假如一家公司連續出現月營收不如預期的情況，這時就應該重新檢視基本面，觀察公司只是暫時逆風，還是真的表現不佳，接著便可以調整部位。有時認真一點的法人研究員會直接詢問公司了解狀況，再根據回應推斷合理與否，也是常見的做法。

我也要再強調，波段投資多半都需要 1～2 個月以上的時

間，一間公司的營運變動並非一朝一夕可形成，與技術分析每天有很多訊號相比，基本面分析無法那麼即時，唯有等到公司公布每月營收及每季季報，才能驗證自己的看法。

營收好就會大漲？小心利多出盡

散戶投資人常認為營收大好就會大漲，不好就會大跌，但最終發現股價走向常跟自己想的不一樣，這其實與股價在營收公告前的走勢大有關係。

股價常常會領先於基本面發酵，尤其是電子股族群特別容易發生，像是「利空測底」，即是如果股價長期處於低檔拉橫整理，公司營收也連續幾個月下滑，這時再開出不佳的營收表現，只要股價不續跌，通常都已是波段低點。

元太（8069）便是一例，它在 2023 年 10 月開始，由於客戶庫存過高，減少拉貨，導致營收多月衰退，但股價卻在 10 月底就止跌回穩，即使該年度最爛的 11 月營收在 12 月公布後，股價依然未破底，之後反向一路上揚（見右頁圖表 2-10、2-11）。

另一個是「利多出盡」，例如 2024 年 2 月時的股王世芯-KY（3661），營收一路創高，但股價卻在 3 月上旬來到高檔，後續幾個月營收再好，股價表現仍顯乏力。因此，投資人若只看營收公告後一天的股價方向，就容易判斷失準，**既然是波段操作，就應連續觀察前後幾個月的營收與股價的關聯**（見第 88 頁圖表 2-12、2-13）。

元太（8069）2023 年下半年營收狀況

月分	單月營收	月增率
2023 年 7 月	23.28 億元	-0.41%
2023 年 8 月	20.23 億元	-13.1%
2023 年 9 月	24.70 億元	22.1%
2023 年 10 月	18.17 億元	-26.5%
2023 年 11 月	17.98 億元	-1.13%
2023 年 12 月	22.20 億元	23.6%

資料來源：台灣股市資訊網。

圖表 2-11 元太（8069）股價走勢圖

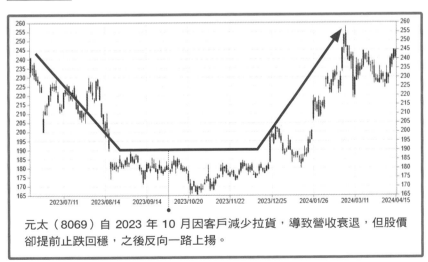

元太（8069）自 2023 年 10 月因客戶減少拉貨，導致營收衰退，但股價卻提前止跌回穩，之後反向一路上揚。

資料來源：台灣股市資訊網。

圖表 2-12 世芯-KY（3661）2024 年上半年營收狀況

月分	單月營收	月增率
2024 年 1 月	33.74 億元	-3.86%
2024 年 2 月	32.43 億元	-3.88%
2024 年 3 月	38.76 億元	19.5%
2024 年 4 月	40.14 億元	3.56%
2024 年 5 月	43.73 億元	8.96%
2024 年 6 月	52.36 億元	19.7%

資料來源：台灣股市資訊網。

圖表 2-13 世芯-KY（3661）股價走勢圖

股王世芯（3661）2024 年 3 月之後營收持續創高，但股價卻在 3 月上旬來到高點，後續幾個月營收再好，股價表現仍顯乏力。

資料來源：台灣股市資訊網。

進入旺季，股價會提前反應

還有一種狀況是，**公司即將進入出貨旺季，股價便會率先反映**。由於產業都有淡、旺季，比如蘋果供應鏈一定是在第 1 季至第 3 季依順序出貨，一開始是晶片，然後是晶圓代工、零組件，最後是組裝。現在最火紅的 AI 產業也是相同邏輯，下面我以電子書大廠振曜（6143）2024 年 4 月的營收來舉例。

KOBO 在 5 月宣布發行新機型，振曜（6143）身為上游組裝廠，產品當然要在 KOBO 賣給消費者前就組裝好，因此營收勢必在 4 月後就會開始增加。熟悉產業運作的投資人，若早一步進場卡位，股價這時已經開始由 90 元一路上漲至 129 元附近，波段漲幅已有 30～40%（見下頁圖表 2-14）。

當時市場出現振曜（6143）備貨不如客戶預期的新聞，果然 4 月開出的營收雖然上升，但股價立刻回檔 10% 左右，短線投資客可在這時獲利了結。但有耐心的投資人反而可以預期，因為這個月不夠的貨量將遞延至 5 月出貨，因此股價回檔整理後又再度爬升，但同樣是股價在營收公告前先上漲，公告後又回檔，因此 5 月營收雖然大好於 4 月，股價也再度回檔超過 10%。

所以投資人一定要做好月營收觀察，了解各產業的淡旺季時間，以及股價在營收公布前的走勢表現、營收公布後的反應，以及後續營收的預估方向，才能適應台股波段與短線操作方向相左的狀況。

由於分析數據需要等待，過程中多出來的時間，就可以好好

圖表 2-14　振曜（6143）股價走勢圖

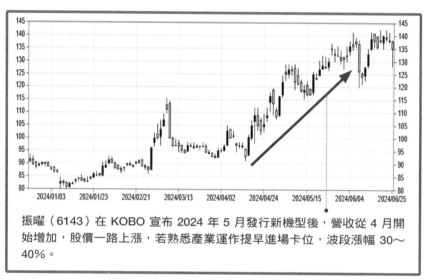

振曜（6143）在 KOBO 宣布 2024 年 5 月發行新機型後，營收從 4 月開始增加，股價一路上漲，若熟悉產業運作提早進場卡位，波段漲幅 30～40％。

資料來源：台灣股市資訊網。

研究產業前景與供應鏈上下游，儲備能量等待財報數據帶來股價的動能，所以我很喜歡把波段操作看成是一種儲能投資，經過累積與等待後，一次掌握獲利的機會。

3

我的獨門絕活，
鑽豹指標評鑑分析

　　台股上市櫃公司高達一千七百多家，每月一接近 10 日，就是營收數據大轟炸的日子，為了增進研究效率，我會剔除較不感興趣的電信產業、金融股及生技股，減少一些研究標的，並製作儲能評分表，觀察股票上漲所需的能量是否足夠，還為評分表取了一個吉利的名字「鑽豹評鑑」，聽起來簡單又有好兆頭。

　　這份鑽豹評鑑，主要是依據每檔股票的財務表現給予評分，總分是 15 分，評估項目有：營收、毛利率及營業利益率、存貨、合約負債、息稅折舊攤銷前利潤率（EBITDA）及自由現金流量等 6 個指標，只要看到鑽豹評鑑分數比較高的個股，我都會抓出來再深入研究。

　　一般投資人若是沒有能力進行那麼大量的分析，建議可以先鎖定比較熟悉的產業，畢竟萬丈高樓平地起，先小範圍嘗試累積實力，會是比較好的做法。接下來，我將說明觀察這些財務指標的重點依據。

指標一：營收，看出產業趨勢

相信大家都知道營收就是指公司的收入，但若經過細緻一點的拆解，營收是由價格（Price）乘以出貨數量（Quantity）形成。其中，價格（P）、出貨數量（Q）又與供給、需求相關，所以，深入觀察營收的本質，其實就是在了解供需情況。而對於法人來說，營收好壞絕不單單只是一個數字，去揣測數字背後的涵意更為重要，舉例來說，記憶體產業常常講的需求不振（Under Demand）、供過於求（Over Supply），對於營收的影響性就有非常大的不同。

這其實可以用最簡單的經濟學理論來分析（見右頁圖表2-15），通常在需求不振的市況中，需求曲線會左移，與供給曲線的新平衡點，形成價格與數量雙雙下滑，對營收是雙重打擊；而供過於求的市況中，供給曲線右移，與需求曲線的新平衡點顯示，雖然供給價格下跌，但數量卻是增加的，兩方一增一減，有可能對營收實際影響不大。

另外，像是這幾年一直會聽到的通膨，企業有時反映原物料上漲而調整產品售價，這會造成供給面問題，供給曲線左移，就會形成產品價格上漲，銷售數量下降，這些都是思考營收涵意需要考量的細節，而考量越周全，對營收的預先判斷也會越準確。

營收＝價格（P）×出貨數量（Q）

圖表 2-15　供給與需求曲線變化

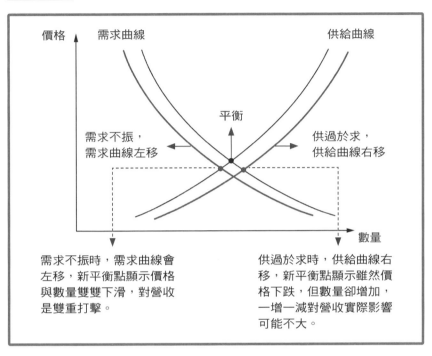

需求不振時，需求曲線會左移，新平衡點顯示價格與數量雙雙下滑，對營收是雙重打擊。

供過於求時，供給曲線右移，新平衡點顯示雖然價格下跌，但數量卻增加，一增一減對營收實際影響可能不大。

　　上面提到的這些內容，是專業法人在拜訪個股公司後，會嘗試釐清的營收細節，問得越深入，通常會更容易判斷公司的未來狀況，接下來帶大家認識幾種營收分析關鍵，大略分為月成長及年成長率、同業營收比較、產業淡旺季、產品組合等，我會一一解析。

月成長率連續減少，可能公司走下坡

　　第一個是最重要、也是目前最常用於解讀營收的方式，就是

波段的紀律

判斷月成長率及年成長率。月成長率指的是，這個月營收與上個月營收相比，年成長率則是與去年同期相比，因為月成長率會有淡旺季、下游客戶消化預算等問題的影響，所以評估年成長率會比較客觀，不過若是月成長率出現連續減少，也同樣要留意可能為公司正在走下坡。

通常公司某個月營收出現年成長並不稀奇，但只要營收連續2～3個月的年成長幅度都超過10%，就可能是公司正在出貨比較大的訂單，或是過去研發的產品進入收割期，這種時候就須特別留意。

另外，若是公司有季底作帳習慣，比如承接政府標案，公部門通常會為了消化季度預算，而壓在季底付款；或是設備廠商的下游客戶也有季底付費習慣，使得營收出現季底效應，即是3月、6月、9月、12月營收為單季最高，若出現次月營收表現又更好的狀況，例如4月、7月、10月、1月的營收月增幅度明顯，代表公司營收正在擺脫常態慣性，進入新的成長期，這時股價上漲勝率也會更高。因為作帳，營收理應會在季底處於相對高檔，下個月卻繼續月成長，通常代表成長動能強勁。

年成長率觀察則是因為，如果前一個月營收大好，但下個月突然月增率轉為負值，投資人常會以為出貨高峰已過，但這很有可能就是因為季底效應，導致季底月分的營收特別好，這時就要把下個月營收跟去年同期比較，若是年增率還是有雙位數成長，就可以正向視之。

　　另外，由於農曆新年假期通常出現在 1 月或 2 月，該月的工作天數減少導致月營收下降，因此我也習慣合併 1 月及 2 月的數字，與去年同期 1 月及 2 月比較，可減少年假所產生的偏差值，只要兩個月分的業績加總比前年度同期好，就是正向。

　　比較需要留意的是，若發覺公司過去一段時間幾乎都維持營收月成長、年成長的態勢，某天卻突然反常，出現營收月衰退時，就應該特別留意。像是創惟（6104）從 2021 年 5 月開始，連續 8 個月營收都呈現月成長，之後 2022 年 2 月受農曆春節影響，出現比較明顯的月衰退，屬於正常現象；但是從 4 月開始連續 3 個月營收都出現月衰退，股價也從 6 月開始轉趨疲弱，這就是觀察營收的妙用（見下頁圖表 2-16、2-17）。

同業營收一起明顯成長，買進更有信心

　　剛剛提到的月成長率、年成長率，主要都和公司自己過去的數字比較，除此之外，**法人還很喜歡多方比對**，也就是在拜訪公司時，會順便打聽同產業其他企業的情況，或盡可能拜訪產業內的所有公司，並互相比對看法。

　　在分析產業族群時，通常公司業績提高，代表上游原料廠業績也變好，因為臺灣企業多為歐美品牌的供應鏈廠商，以 AI 伺服器為例，如果伺服器業績成長，其中的關鍵零組件像是電源、機殼、記憶體、散熱器等，應該會連帶成長，只是成長時間需再以供應鏈不同供貨時刻細分，我們稱之為族群性。

波段的紀律

圖表 2-16 │ 創惟（6104）2022 年上半年營收狀況

時間	營收	月成長率	年成長率
2022 年 1 月	4.31 億元	13.3%	123.7%
2022 年 2 月	3.87 億元	**-10.2%**	160.3%
2022 年 3 月	4.21 億元	8.77%	75.8%
2022 年 4 月	3.33 億元	**-20.9%**	29.4%
2022 年 5 月	2.88 億元	**-13.6%**	22.8%
2022 年 6 月	2.41 億元	**-16.2%**	**-6.59%**

資料來源：台灣股市資訊網。

圖表 2-17 │ 創惟（6104）股價走勢圖

創惟（6104）營收月成長已維持近一年，2022 年 4 月開始連續 3 個月都出現月衰退，股價也從 6 月開始轉趨疲弱。

資料來源：台灣股市資訊網。

　　以 2021 年驅動 IC 的情況舉例，當時因為 8 吋晶圓代工產
能稀缺，各家 IC 設計廠都不斷漲價，而且需求也維持強勁，造
成廠商產品價格、銷售數量同步往上提高，營收也出現大幅成
長，這時只要把相關 IC 設計公司的營收拉出來畫成折線圖，就
可以很明顯看見這個產業趨勢，買進時也就更有信心（見圖表
2-18）。

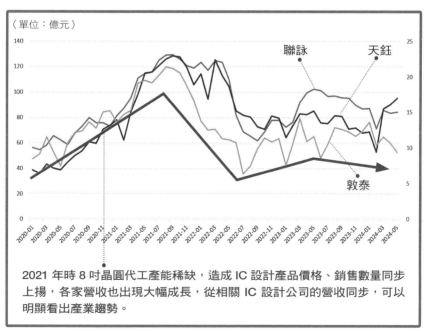

圖表 2-18　**IC 設計相關公司營收比較──聯詠（3034）、
天鈺（4961）、敦泰（3545）**

2021 年時 8 吋晶圓代工產能稀缺，造成 IC 設計產品價格、銷售數量同步
上揚，各家營收也出現大幅成長，從相關 IC 設計公司的營收同步，可以
明顯看出產業趨勢。

資料來源：台灣股市資訊網。

產業淡旺季不同，航運在第 3 季，汽車零組件冬季旺

前面的章節已經多少提到過，產業淡旺季對營收表現造成的影響，下面我也用實際公司來舉例。

觀察同樣是蘋果 PCB 供應鏈的臻鼎-KY（4958）及台郡（6269），營收的月成長步調就非常一致，由於 iPhone 新機多半在 9 月發表，所以供應廠商大概從 5 月就開始進行第一波拉貨，營收也開始墊高，高峰則普遍落在 10 月及 11 月，等到聖誕節購物旺季前最後一波大拉貨之後，營收就會一路下降至 3 月及 4 月（見右頁圖表 2-19）。

當然，每個產業的拉貨旺季也不太一樣，像是貨櫃航運股的旺季落在 7～10 月，因為要趕在消費旺季前將商品全部運到海外；航空股的營收表現，則是下半年旅遊旺季時較佳；汽車零組件股旺季在冬天，因為下雪容易導致汽車打滑擦撞，換零件需求比較大，營收通常也會比較好。

經過留意與深入了解後，我整理出各產業的淡旺季表格（見第 100 頁圖表 2-20），透過這張表格，可以快速掌握特定產業營收轉強的時間點，投資人也就有機會在公布營收前先行研究，不僅能在操作過程中更容易找到當下的主流股，在選股與資金轉換上也會更順利。

高毛利產品營收比重高，公司實際獲利更好

營收除了比較數值之外，**產品結構也很重要**，最理想的狀況

圖表 2-19　蘋果 PCB 供應鏈相關公司營收比較──臻鼎-KY（4958）、台郡（6269）

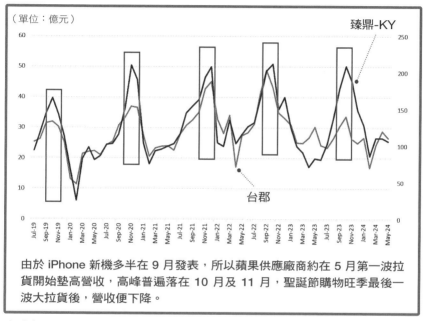

（單位：億元）

臻鼎-KY

台郡

由於 iPhone 新機多半在 9 月發表，所以蘋果供應廠商約在 5 月第一波拉貨開始墊高營收，高峰普遍落在 10 月及 11 月，聖誕節購物旺季最後一波大拉貨後，營收便下降。

資料來源：台灣股市資訊網。

是，**高毛利的產品占營收比重高一點**，或是說，會在近期出現比較明顯的占比成長，這樣以相同營收表現來看，公司實際的獲利會更高。

以連接器產業為例，過去大部分廠商都是專注在消費性電子產品，使得市場逐漸陷入紅海競爭，產品毛利與單價都下降，迫使各業者轉型。轉型中的業者這時只要提高非消費性電子產品的比重，或是高毛利的新產品成長性高於其他衰退的產品線，股價

波段的紀律

圖表 2-20 各產業旺季時點

產業	旺季時點
貨櫃航運	7月至10月（感恩節前）
航空、晶圓代工、電子零組件、手機、紡織	下半年
水泥、鋼鐵	第4季（農曆年前）
IC 設計	第2季至第3季
汽車零組件	第4季至隔年第1季
化學	第2季
橡膠	5月至7月、11月至1月
金融	第4季

就容易上漲，而這也是觀察營收的重要關鍵。

舉個實際例子，貿聯-KY（3665）過去較集中消費性電子產品應用，近年陸續打入通訊、工業、醫療、太陽能等領域，抓住電動車、資料中心、半導體設備、能源等長期成長趨勢題材後，工業、車用產品的營收占比都持續提高，股價也長期攀升。

另一家公司信邦（3023），鎖定利基型市場發展，專精於車用、綠能、醫療等高階線材，毛利率長期維持在 25% 以上，近年打入中國蔚來汽車獨家的充電槍、充電樁線束及雷射雷達 LiDAR 線束供應商，並且有了電動車的長線成長題材後，汽車

產品、工業用產品營收持續增加，股價的表現也頗為強勁（見圖表 2-21）。

指標二：毛利率、營益率，看出公司競爭力

在說明營收時，提到了營收高低會與產品定價、銷售數量有關，有沒有指標可以衡量產品定價狀況？毛利率、營業利益率就是為了這個目的而存在的數據！

毛利率的計算公式是毛利除以營收，毛利則是以整體營收減去營業成本，完整解釋就是：把整體營收減去製造商品、提供勞務服務的成本，可以直接反映「產品成本」與「收入」之間的相

圖表 2-21 　信邦（3023）股價走勢圖

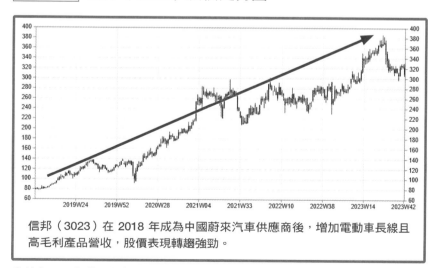

信邦（3023）在 2018 年成為中國蔚來汽車供應商後，增加電動車長線且高毛利產品營收，股價表現轉趨強勁。

資料來源：台灣股市資訊網。

互關係。通常公司產品有獨特優勢可以賣出高價，抑或有強大議價能力可以得到低成本的原材料，毛利率就會越高，競爭力也會越強。

不過可想而知，除了賣產品和計算產品的利潤之外，一家公司想要正常營運，還需要場地、水電、廣告、研發、折舊等間接費用，所以除了毛利率，另外一個財務指標「營業利益率」也非常重要。

簡單來說，營業利益率的計算方式，是把毛利扣除營業費用後除以營收，而營業費用就包含了上述的場地、水電、廣告、研發、折舊等費用。相比於毛利率只能反映賣產品的賺賠，營業利益率還可以直接看出公司本業獲利能力，就算產業特性中人事支出費用較高，也能很直接的反應經營效率，對於服務業、IC 設計等產業，營業利益率就是必須關注的重點。

毛利率＝毛利（營收－營業成本）÷營收
營業利益率＝營業利益（營收－營業成本－營業費用）÷營收

講到毛利率、營業利益率，有些投資人會疑惑：為什麼有些公司會出貨一些比較低毛利的產品？其實道理也很簡單，有時候出貨毛利比較差的產品，並不會增加太多整體費用，公司還能

依靠規模經濟的效益，繳出更好的營業利益率，帶動獲利向上成長。換個角度來說，就算產品的毛利比較差，只要能讓公司賺錢，為何不做？

由於這兩個數據非常直接的表現出公司本業經營績效，是營收以外最重要的財務數據，所以直到目前為止，所有研究員、經理人只要去拜訪個股公司，一定都會問毛利率、營業利益率有沒有成長，也是研究財報時絕對不可忽略的指標。

不僅如此，判讀毛利率和營業利益率還有很多眉角，像是有些公司購買設備後，需要攤銷購買設備的成本，因為設備是固定資產，也是營運賺錢必備工具之一，一般成本不需要一次性認列，而是會分成好幾年的費用去認列，這就是折舊費用，通常會列為營業費用，但也有公司放在營業成本裡，而這也會影響毛利率及營業利益率高低，必須透過詢問公司才能得知與確認。

指標三：息稅折舊攤銷前利潤高，本業獲利能力強

接下來要介紹的息稅前利潤，中文全名是「息前、稅前、折舊、攤銷前利潤」，英文則是「Earnings Before Interest, Taxation, Depreciation and Amortisation」，簡稱 EBITDA。

EBITDA 的計算公式為：

息稅折舊攤銷前利潤＝稅後淨利＋利息＋稅額＋折舊與攤銷費用

稅後淨利＝營業利益＋業外損益－稅額

從公式來解釋這個項目，就是把一些稅後淨利的減項再加回來，也就是**算出公司在不支出利息、稅額、折舊與攤銷費用前的盈利能力**，會更貼近真實的營運狀況，也很適合用來找出「被埋沒的鑽石」。

怎麼說？因為有些公司可能受債務、不同國家稅率的影響，或是資本支出龐大造成折舊金額較高、固定資產攤銷較多，使得最後的稅後淨利不好看，但把這些項目加回去，就可以呈現該公司「最原始」的本業獲利能力。

舉例假設 A 公司的稅後淨利比 B 公司高，但 EBITDA 利潤較差，就表示實際 B 公司的競爭力可能比 A 公司強，如果後續 B 公司在前面提到的稅額、折舊、攤銷費用這些項目有所改善，稅後淨利就很有機會趕上、甚至超越 A 公司。所以這個指標有兩個使用重點：一是可以找出被低估的股票，二是要與同業比較才具備參考價值。

指標四：存貨，景氣好時是加分項

前面三個財務指標，幾乎都是用來檢驗公司一段時間的營運

成效，但接下來的**存貨**就帶有一定的**預測與領先性質，是整個財報中的菁華。**

　　首先是存貨，簡單來說，就是公司的產品庫存，包含已完成的產品、在製品，生產過程中需要使用到的原物料等，因為這個項目與公司下一個季度有多少產品可賣有關，所以可以從中推敲出一點未來營運狀況好壞的端倪。

　　進一步講解，存貨數據的高低，在不同景氣階段有不同意義，在**景氣上升時，存貨項目增加是加分**，比如 2021 年，這個指標絕對是王道，當時景氣熱絡，什麼都漲價，商品價格再貴也賣得掉，那麼理所當然要「有貨可賣」才行，因此高存貨的公司就很吃香，也代表未來營收有不少向上空間。相信有不少讀者也在當時聽到廠商「囤貨」的消息，甚至因為需求太大、價格往上，便有廠商開始刻意「惜售」，等待商品價格更高再把貨賣出來，以賺得更多。

　　不過當景氣下行時，存貨就會變成一個扣分項目了。像是 2022 年需求急凍，主要原因是疫情期間貨物運輸嚴重停滯，導致下游廠商一直追不到原物料來生產產品，而重複下訂，或是超訂該期間所需的原料量，待疫情結束運輸回歸正常後，之前訂購的原料一口氣都到貨，變成產品瞬間生產過剩。加上經濟景氣也同步轉差，市況變成供過於求，東西賣不出去、庫存堆積之下，有些原物料或產品又不適合久放，或是規格會跟不上市場需求，這時存貨就會形成重大壓力，最終可能必須降價求售，以削減庫

存。這情況其實就像我們投資股票，行情好時要大量持有，行情不好就要趕快出清部位、換回現金。

我以 2021 年的鋼鐵業為例說明，當時原物料價格大漲，再加上景氣熱絡，市場對鋼鐵的需求量非常大，這時國內的鋼鐵股只要存貨夠高，幾乎就等同於未來幾期營收有保障。從右頁圖表 2-22、2-23 可以看到，中鋼（2002）從 2021 年第 1 季開始，每季存貨都往上走，股價也在 2021 年 4 月時大幅向上急漲，這檔大牛股的飆漲當時嚇壞不少投資人，這也就是存貨的妙用。

指標五：合約負債越高，公司訂單越多

下一個有辦法預測未來營運狀況的重要指標，是資產負債表中的「合約負債」，定義是：公司在提供服務或商品之前，已經向客戶收取了部分款項，像預收工程款或預收備料款。

合約負債在會計中，基本包括「預收工程款」與「預收備料款」兩大科目，由於這兩項數據代表公司的訂單狀況，所以可說是營收的風向球，我會把這項指標當成趨勢指標，若逐季向上，通常顯示公司不斷接到大單，業績蒸蒸日上可期；而若是**單季突然暴增，也可能代表公司營運出現較大變化**，例如電子業者接到某項新產品的訂單。

看到這裡，相信有不少投資人開始疑惑，合約負債應該增加多少才足夠？實戰時要如何使用？有個簡單的解析方法，就是**合約負債大致可以用股本的 5%，或者月營收金額的兩倍來觀察，**

圖表 2-22 　2021 年第 1 季至 2022 年第 2 季鋼鐵業存貨數據——中鋼（2002）、東和鋼鐵（2006）、新光鋼（2031）

季度	中鋼	東和鋼鐵	新光鋼
2021 年第 1 季	87,854,466	15,217,557	3,803,539
2021 年第 2 季	100,334,580	17,040,038	4,116,402
2021 年第 3 季	122,812,021	19,759,735	4,823,903
2021 年第 4 季	129,532,646	20,495,166	6,566,814
2022 年第 1 季	140,695,684	20,204,566	6,274,395
2022 年第 2 季	152,746,159	21,454,557	6,686,326

（單位：千元）
資料來源：公開資訊觀測站。

圖表 2-23 　中鋼（2002）股價走勢圖

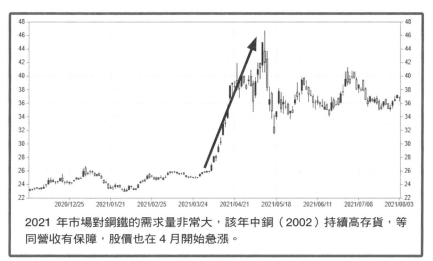

2021 年市場對鋼鐵的需求量非常大，該年中鋼（2002）持續高存貨，等同營收有保障，股價也在 4 月開始急漲。

資料來源：台灣股市資訊網。

波段的紀律

只要合約負債的金額滿足這兩項條件，通常就有繼續研究下去的價值。

　　但需要留意的是，合約負債也有失效的時候，畢竟這項數據的本質就是訂金，所以也會發生客戶因為違約風險高，而提高訂金金額，過往拜訪公司時，有些公司便透露，跟俄羅斯或中東國家做生意，為了避免地緣政治影響到國際銀行清算營收，通常會要求該地區客戶支付較高之訂金，一般來說訂金通常低於10%，這時可能會提高到 20% 以上。

　　此外，對於一些付款信用長期不良的客戶，公司也會用類似多付訂金的手法應對，迫使客戶在一開始增加預付的款項；另外也有因為供給不足，客戶為了搶貨出急單，公司亦會要求對方提高預付的訂金（為因應急單，公司必須更動生產線，也會增加費用，因此需要客戶提供資金作為保障），這些都可能導致合約負債異常飆高。

　　上述狀況所多收的訂金，並不是因為市場需求上升，是客戶自身信用條件而產生，若在這時期望未來營收會一路上升，就會發生錯判，這是實務上使用這項指標的重要細節。下面我也舉幾個實戰案例。

合約負債實戰案例：中鋼（2002）

　　2021 年時台股最夯的類股，絕對是貨櫃航運三雄——長榮（2603）、萬海（2615）和陽明（2609），一開始是市場回補庫

108

存需求強勁，後來隨著景氣谷底回溫，漲勢還擴散到散裝航運類股的新興（2605）、裕民（2606）和慧洋-KY（2637），原物料價格也水漲船高。

雖然當時我沒有操作貨櫃航運股，但有買進散裝航運股，根據上述邏輯，我非常確定原物料的上漲趨勢，於是用了一個簡單的方法選股，那就是：觀察合約負債開始增加的原物料類股。

理由是，貨櫃與散裝船運的價位一直上升，代表船上堆滿了貨物，然而是不是真的有這麼多貨要出？看船上裝的產品屬於那些種類就知道。比如：散裝船裝的都是鐵礦砂；貨櫃船裡可能是電子零組件、汽車、筆記型電腦等；空運則可能是 IC 晶片。這些公司如果只是一時業績好，那麼代表未來業績的合約負債應該不會一直上升，但事實上願意預付訂金的客戶越來越多，造成搶船、搶飛機。

經過各類股比對後發現，整個鋼鐵業的合約負債從 2020年第 4 季就開始走高（見下頁圖表 2-24），主因是全球在疫情期間停擺的擴廠或住宅營建需要趕進度，而當時龍頭股中鋼（2002）的股價也還處於盤整階段，是非常不錯的進場點。

鋼鐵業的營運週期多半不會超過 1 年，因此看到 2020 年第 4 季的合約負債數字上升，都還有足夠的時間加碼，絕對不會有市場流傳的「財報是落後指標」問題（見第 111 頁圖表 2-25）。而最厲害的是，當 2022 年 3 月公布 2021 年第 4 季財報時，看到中鋼（2002）、新光鋼（2031）的合約負債大幅下降，

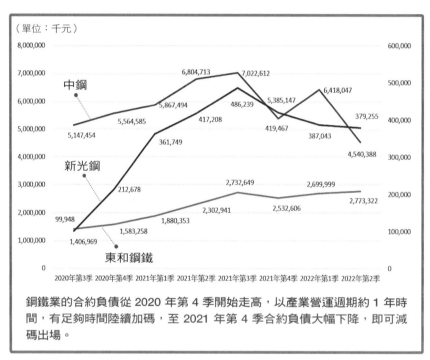

圖表 2-24 2020 年第 3 季至 2022 年第 2 季鋼鐵業合約負債數據──中鋼（2002）、東和鋼鐵（2006）、新光鋼（2031）

鋼鐵業的合約負債從 2020 年第 4 季開始走高，以產業營運週期約 1 年時間，有足夠時間陸續加碼，至 2021 年第 4 季合約負債大幅下降，即可減碼出場。

資料來源：公開資訊觀測站。

即便當時股價出現一波反彈，我還是選擇減碼鋼鐵股，避開了 2022 年第 2 季起的大幅修正。

不僅如此，若是投資人功課做得更勤，除了研究這些財報的領先數據之外，還可以追蹤當時的市場報價狀況、產業資訊，再透過財報確認。從上述方式得到的進出場價位，獲利空間可能更

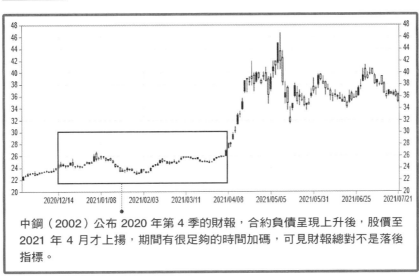

圖表 2-25　中鋼（2002）股價走勢圖

中鋼（2002）公布 2020 年第 4 季的財報，合約負債呈現上升後，股價至 2021 年 4 月才上揚，期間有很足夠的時間加碼，可見財報總對不是落後指標。

資料來源：台灣股市資訊網。

大，這也是這項指標最有意思的地方。

合約負債實戰案例：智原（3035）、聯電（2303）

　　另一個例子是 2020 年底時，因為很多產業都處於疫情斷鏈後非常積極的回補庫存，所以除了原物料類股，我在季報公布後也發現，半導體產業最上游的 IP 股智原（3035）與晶圓代工的聯電（2303），這兩家公司的合約負債都明顯上升（見下頁圖表 2-26），而引起研究的興趣。

　　當時除了留意到很多新聞媒體都提及，晶圓代工產業有欠缺

圖表 2-26　智原（3035）2020 年第 1 季至 2021 年第 1 季合約負債

季度	合約負債
2020 年第 1 季	222,435
2020 年第 2 季	192,163
2020 年第 3 季	211,263
2020 年第 4 季	476,604
2021 年第 1 季	549,144

（單位：千元）
資料來源：公開資訊觀測站。

圖表 2-27　智原（3035）股價走勢圖

智原（3035）合約負債從 2020 年第 4 季開始明顯上升，同時期其他晶圓代工同業也有相同情形，顯示產業客戶大搶產能，股價即在 2021 年第 2 季起漲，漲幅超過 100%。

資料來源：台灣股市資訊網。

產能的現象，另外也發現不僅是智原（3035）和聯電（2303），其他晶圓代工同業的財報也都出現合約負債上升情形，便著手向電子業的朋友進行普查。調查後證實，那段時期半導體行業不僅中游缺產能，就連上游都一起出現人力吃緊的狀況，所有客戶也都願意增加訂金搶產能，讓我立刻決定開始布局，隨後智原（3035）及聯電（2303）的股價漲幅皆超過 100％，最終收穫頗為豐碩（見左頁圖表 2-27）。

指標六：自由現金流量，檢視公司槓桿

　　終於到最後一個指標——自由現金流量（Free cash flow）。不知道大家有沒有感覺，越到後面列出來的項目越難？想篩選出最優質的公司，就必須雞蛋裡挑骨頭，相較於前面幾個指標較屬於短期股價的催化劑，最後這一個我會特別關注的自由現金流量，就可算是長線的方向球，主要用於降低風險。

　　自由現金流量的公式是營業現金流減掉資本支出，也就是把公司所有能夠運用的現金，減去資本支出的金額。顧名思義，「自由」現金流即為公司手上能自由運用的現金流，這個數值主要用來觀察公司資金會不會入不敷出。

> **自由現金流量＝營業現金流量－資本支出**

波段的紀律

　　舉例來說，有時看公司帳面上 EPS 是賺錢，但在製作會計報表時，可能只是拿到了發票或收據就先認列業績，由於還沒真正收到款項，也就不會拿到現金。若公司在這個時間點需要錢做資本支出，像是投入研發、購買設備，就可能出現現金流軋不過來的情形，導致營運出狀況。

　　在營運實務上，擁有穩健的自由現金流量，對公司是一件非常重要的事，因為天有不測風雲，若真的不幸遇到廠房失火，保險賠償又不足以支應，就可能面臨營運困難。而很現實的是，若企業明明賺錢，但長期需要支付大額資本支出來維持競爭力，就沒有多餘資金去滿足股東配股、配息的需求，長久下來也可能會壓抑股價表現。

　　整體而言，當確定未來營收有機會向上成長後，要確定公司不是在短期內使用過大的營運槓桿，自由現金流量會是一個頗為有效的指標。

4

股市空頭也能賺？
我示範

　　了解上述六大指標後，相信大家都急著想知道實戰上如何運用，接下來便是我如何靠這些指標，在 2022 年**找出 EPS 高速成長股的實戰案例**。

　　雖然 2022 年全球股市都屬於偏空格局，但我依靠這些指標，再搭配基本面研究與邏輯，仍把握住了幾個營運、股價表現都相對穩健的族群。當時發現，工業電腦及網通產業在 2021 年年報公布後，族群內很多個股的合約負債、存貨、營收，都不約而同出現非常明顯的提升，激起了我的研究興趣，開始深入研究，結果看見這兩個產業在當時出現了一個很特殊的現象，並準備迎來轉機。

訂單在手、存量走高，布局好時機

　　故事的起源是 2021 年，全球晶圓代工廠的產能被車用、消費性電子產業大幅搶單，規模相對小的網通及工業電腦，當然搶

波段的紀律

不過單量大的消費性電子業者，所以出現缺晶片導致產品無法出貨，營收表現不如預期的情況，合約負債更是一路走高。

　　雖然這兩個產業在當時不被青睞，但我反而認為值得特別留意，主要理由是網通、工業電腦產品的需求非常穩定，這些延後的訂單若僅是因為晶片排擠效應暫時無法出貨，在後續拿到晶片時，自然需要補回欠缺的出貨量，營收最終也會開始上升。

　　確定這個產業邏輯後，我開始留意這些個股的存貨數據，發現工業電腦類股的存貨開始同步走高，再加上當時有晶圓代工廠產能開始慢慢出現鬆動的新聞，讓我更明確晶片缺貨問題即將解決，整個網通及工業電腦產業更將在出貨遞延的訂單後，迎接營收爆發。

　　接著我再觀察到，當時的虹堡（5258）、立端（6245）都乏人問津，股價也只是在區間內進行盤整，就決定先行布局，並等待後續的營收驗證看法。

　　先來看立端（6245）。這家公司其實從 2021 年 9 月以後受惠晶片出貨漸漸正常，營收年成長率就開始步入雙位數成長，但股價卻沒有明顯的反應，更在 2022 年第 1 季陷入盤整。我發現它的合約負債、存貨趨勢向上，營收年成長率雙位數成長後，便開始積極布局，到 2022 年 5 月起營收出現 81.9％ 的大幅年成長率時，開始有越來越多投資人注意到它，股價開始發動，我的進場均價約在 60～70 元（見右頁圖表 2-28、第 118 頁圖表 2-29、2-30）。

圖表 2-28 網通及工業電腦個股存貨數據——研華（2395）、樺漢（6414）、虹堡（5258）、立端（6245）

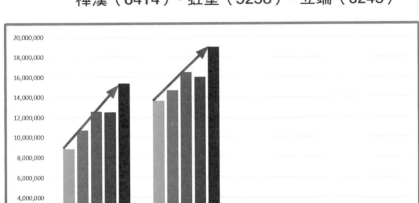

無論規模大小，網通及工電個股的存貨數值從 2021 年第 1 季開始皆呈現上揚，只要遞延訂單之後順利出貨，就能迎接營收噴發。

資料來源：公開觀測資訊站。

　　後續一度因為大盤整體表現不佳，股價回到 60 元以下，但此時觀察基本面發現，隨著合約負債逐季往上月，營收也越開越好，讓我有了持股續抱的底氣，最後等到股價在 2022 年底一舉飆升突破 100 元關卡，達到我設定的目標價獲利了結。同時我也關注到重電族群的合約負債同步跳升，於是開始把資金轉往下一個族群。

波段的紀律

圖表 2-29　立端（6245）股價走勢圖

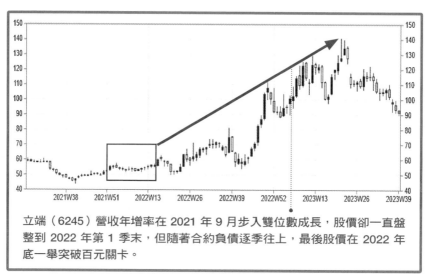

立端（6245）營收年增率在 2021 年 9 月步入雙位數成長，股價卻一直盤
整到 2022 年第 1 季末，但隨著合約負債逐季往上，最後股價在 2022 年
底一舉突破百元關卡。

資料來源：台灣股市資訊網。

圖表 2-30　立端（6245）營收金額及年成長率

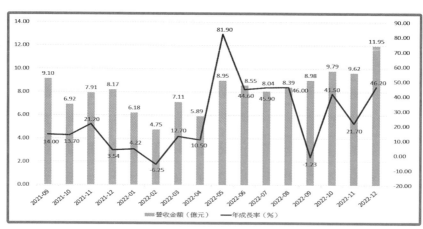

資料來源：台灣股市資訊網。

　　另一檔虹堡（5258）也是類似的情況，同樣營收在 2021 年年底時就出現雙位數成長，股價漲幅卻不明顯，2022 年 1 月及 2 月營收年成長率，分別來到 86.8％、144.6％（見下頁圖表 2-31），市場也還是無動於衷，我便在這時開始陸續布局。接下來很幸運的，隨著年中市場開始聚焦殖利率題材，再加上工業電腦的業績幾乎一致性出現好表現，虹堡（5258）開始受到市場關注，股價也一路向上，2022 年年底前股價更一度來到 86.1 元大關，表現十分強勁。

　　我在 2022 年 5 月底至 6 月初，股價挑戰近期高點時陸續買進，進場成本約落在 40～55 元，後續 8～9 月股價漲到 85 元後快速壓回，便在回檔 15％ 後 70 元附近先出場一次保住獲利，報酬率約 30％（見下頁圖表 2-32）。在確認 10 月營收站穩高檔，股價也回漲後再次進場，這回隨著營收持續創高，股價也攀升至 100 元，我在達到目標價後跌破 10 日均線時出場，第二次進場的報酬率更達到 40％。

大盤顯弱但訂單增加，股價會翻倍漲

　　最後不得不提的是重電族群，也就是臺灣任何電力電網傳輸設備，要使用到的關鍵零組件廠商都稱為重電族群，這族群也是我從合約負債中找出來的。

　　從 2022 年第 1 季各家財報公布之後，我便發現包括士電（1503）、中興電（1513）、亞力（1514）、華城（1519）等 4

波段的紀律

圖表 2-31 | 虹堡（5258）營收金額及年成長率

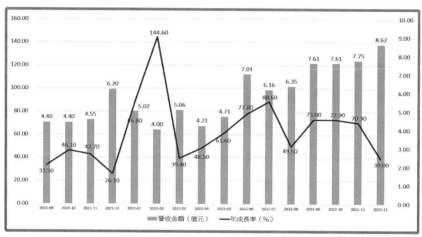

資料來源：台灣股市資訊網。

圖表 2-32 | 虹堡（5258）股價走勢圖

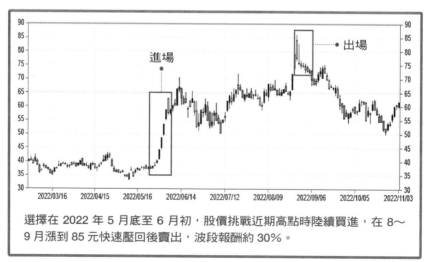

選擇在 2022 年 5 月底至 6 月初，股價挑戰近期高點時陸續買進，在 8～9 月漲到 85 元快速壓回後賣出，波段報酬約 30%。

資料來源：台灣股市資訊網。

120

家重電公司，不約而同都呈現合約負債跳增，其中華城（1519）更是由 4.95 億元跳增到 9.65 億元，增加近一倍之譜。

當時中興電（1513）也讓我印象深刻，因為它的股價在 2022 年 3 月時就先起漲了一波，但整體股市在烏俄戰爭後已悄悄開啟景氣下行循環。加權指數自 2021 年 12 月的 18,619 高點開始震盪向下，2022 年 4 月到 5 月這段時間，又從 17,653 點跌到最低 15,616 點，而中興電（1513）爬到將近 60 元，且支撐了整個 4 月後，終究還是撐不住 5 月大盤的賣壓，股價跟著被帶下去回測年線。順帶一提，這條年線在 2022 年一共回測了 3 次，分別是 5 月、6 月及股市最恐慌的 10 月底，當時加權指數也跌到 12,629 點。

這之中我觀察到，重電族群除了亞力（1514）之外，8 月公布的 2022 年第 2 季財報中，合約負債都是下滑局面，後來在 10～11 月股市最凶險的時刻，重電族群第 3 季的財報公告，合約負債再次全線成長，表示雖然大盤顯弱，但是公司基本面穩定，客戶對於產品的需求並沒有下降，甚至還追加訂金（見下頁圖表 2-33）。

當時我們主要專注在中興電（1513）上，看好它擁有太陽能電場、電網、電力設備及氫能相關發展趨勢，未來 3 年營收穩定向上。雖然 2022 年時尚未出現電網汰換大趨勢，但隨著國際大廠如蘋果推動上游供應商響應綠電政策，未來臺灣電網汰換勢在必行，更不用說 2024 年已被世界認定為 AI 元年，全球

圖表 2-33 重電族群合約負債數值——士電（1503）、中興電（1513）、亞力（1514）、華城（1519）

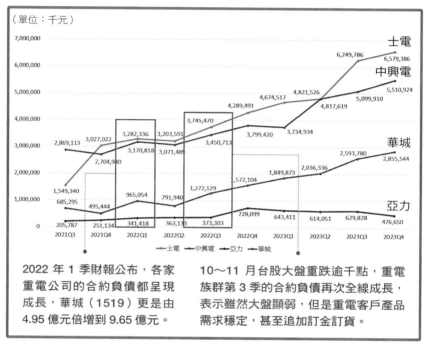

（單位：千元）

2022 年 1 季財報公布，各家重電公司的合約負債都呈現成長，華城（1519）更是由 4.95 億元倍增到 9.65 億元。

10～11 月台股大盤重跌逾千點，重電族群第 3 季的合約負債再次全線成長，表示雖然大盤顯弱，但是重電客戶產品需求穩定，甚至追加訂金訂貨。

資料來源：台灣股市資訊網。

市場皆開始注意電力供給的問題，所以早在 2022 年時，重電族群的客戶就已為了後續的汰換電網工程，開始下訂關鍵零組件，因為重電擴產不如電子代工業迅速，人才培育相當困難，若是看到未來有需求，通常至少要提早 1 年開始下訂。因此，當中興電（1513）、亞力（1514）、士電（1503）、華城（1519）等公司，在 2023 年紛紛表示已有數百億元訂單在手，可預期訂單能

見度可達 2026 年之後。

　　我不斷追蹤合約負債，確保訂單穩定，若再加上合約負債越來越多，表示未來能兌現的營收實績還越來越大，符合產業及公司未來 3 年穩定成長說法，後來成為領頭羊的華城（1519）便是如此，它的合約負債一路往上、每季增加，股價隨之飆漲，2024年 4 月時甚至達到 955 元，接近千元大關。

　　其餘三檔中，中興電（1513）的合約負債在 2023 年第 1 季時還有小幅下降，士電（1503）比較平穩，不過到了 2023 年第3 季也是一口氣跳增近 3 成；亞力（1514）則是在 2022 年第 4季跳增接近 1 倍，後續就呈現微幅走低，但與 2022 年第 3 季之前的合約負債相比，還是有近 1 倍的增長倍數，這是因為亞力（1514）承接國內半導體大廠至海外設廠的電力工程大案子。

　　再看到股價變化，其實 2022 年時整個重電族群已經開跑，從 11 月開始，4 家公司的股價都一路漲到 2023 年，漲幅最少的亞力（1514）都翻了 2 倍，華城（1519）則是從不到 40 元，飆漲到 2023 年 9 月最高 324 元後才進入整理期。我在 2022 年第 4季入手中興電（1513），價位約在 50～55 元，進入 2023 年後一路上漲至 145 元，在大約翻倍的 110 元左右出場。2023 年底我再次觀察到重電合約負債又走出新一波高峰，且股價有經過約半年的整理，決定再度進場，當時士電（1503）、中興電（1513）都在 100 元附近，到 2024 年 4 月時都有 100～200％ 的漲幅，直到寫書的此刻，我手上都還有部分中興電（1513）的長期持股

（見圖表 2-34）。

我從合約負債的變化，也挖出了全球電網汰換的大趨勢，不僅臺灣出臺了《強化電網韌性建設計畫》，美國也分別於 2021 年簽署了《基礎設施投資和就業法案》（*Infrastructure Investment and Jobs Act*）、2022 年《降低通膨法案》（*Inflation Reduction Act*）及「建造一個更好電網計畫」（Building a Better Grid Initiative），電網投資超過 400 億美元；歐盟亦於 2023 年 11 月發布《歐盟電網行動計畫》，預計投資 5,840 億歐元用於電網升級改造。由此可見，重電類股狂飆，不只是臺灣電網汰換需求拉抬，而是全球大趨勢的帶動。

圖表 2-34 中興電（1513）股價走勢圖

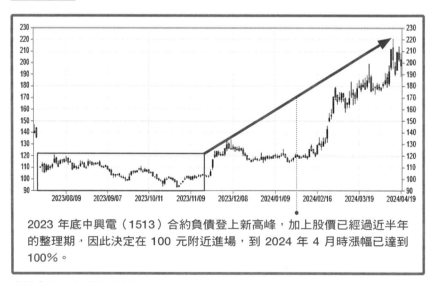

2023 年底中興電（1513）合約負債登上新高峰，加上股價已經過近半年的整理期，因此決定在 100 元附近進場，到 2024 年 4 月時漲幅已達到 100%。

資料來源：台灣股市資訊網。

5

大猩猩選股法
——四大特徵找股票

　　用前面章節的評鑑方法，我們已經可以找出 EPS 有機會大幅成長的個股，但回過頭複習最先提到的法人預估本益比公式：「本益比×預估 EPS＝合理股價」，會發現，想要找出超級飆股，只有 EPS 快速提高還不夠，還必須搭配本益比能大幅提升，這就須依賴接下來的「大猩猩選股法」。

　　所謂大猩猩選股法，是我大量研究多間公司的營收變化，再結合過去任職法人業務時拜訪企業的經驗，從中發現的幾種規律。其邏輯主要有 3 個步驟：

　　1. 先找出營收有變化潛力的公司。

　　2. 再挑出其中高產能利用率的公司，也就是公司產出的產品數量盡量都用於出貨，例如 80～90%，僅留下 10% 用於測試或開發新產品。

　　3. 進一步留意高毛利產品線的營收比重，是否比低毛利產

品線營收比重提高得更快。

　　這樣挑選出來的公司，通常更有機會被法人調高本益比評價，再與評鑑結果結合起來，就有機會找出飆股。

　　會符合上述概念的個股，基本面上常出現大客戶、新市場、新產品、新政策這四種特徵變化，以下是我對這四項的詳細分析，讓大家更容易理解並熟悉這個簡單的選股方法。

大客戶的大訂單，伺服器族群最常受惠

　　想要營收出現大幅成長，透過一個較大規模的客戶挹注訂單，自然會是最快速的方法，這點在臺灣市場又特別有效，因為臺灣上市櫃公司大都從事零組件生產、代工，而且公司規模相對於國外業者來說比較小，所以只要有一個客戶挹注大量新訂單，個股的財報就容易出現「井噴」，營收和獲利快速大漲。

　　以我剛進市場不久時的 2012 年為例，當時分析師有「一顆蘋果救臺灣」的說法，就是指蘋果的手機銷量每年都動輒億隻，任何上市櫃公司只要接到相關訂單，營收都會出現非常大的成長幅度，尤其是新打進供應鏈的個股，在訂單大幅成長後，股價也會有驚人的表現。

　　不僅如此，除了蘋果手機能帶來大量訂單，當時的安卓（Android）手機廠商也不斷推出高階產品與蘋果競爭，只要有一家在高階機種上使用更強大的硬體，像是 PCB 板或鏡頭，其

圖表 2-35　大猩猩選股四大特徵

特徵	說明
新的大客戶	大客戶的涵義如同字面非常好懂，當一家公司迎來新的大客戶時，通常意味著訂單大幅增加，業績自然會出現明顯的成長力道。
新市場	主要指公司產品在終端跨入不同的產業、地區，像是本來只做智慧型手機，後來增加車用產品線，或是原本只做亞洲市場，後來拓展至歐美國家。這兩種跨界發展，都會讓公司未來成長性大幅提高，股價評價也容易提升。
新產品或新技術（新商業模式）	能做出最先進產品的公司，市場上通常競爭者少，資金要往新題材湧入時標的有限，因此股價非常容易被帶動往上，大幅提高本益比。
新政策	政府在推動新政策時，多半會編列執行預算，且這種預算不太會因為景氣短期逆風就收回，再加上是耗費各種社會資源通過的議案，當然也會盡全力執行。 因此只要政府通過新政策，並大力扶植補貼的相關產業，在期望短期內看到政策執行成效的驅動下，訂單趨勢都是長而穩定，法人相對較會投注資金，使得本益比提高。

他品牌就會全面跟上，大家拚命升級的情況下，臺灣這些代工廠的訂單會一同增加，業績也大幅提高。

　　從近幾年的案例來看，華為在中美貿易戰越演越烈之前，也非常願意砸大錢在手機硬體上，並為臺灣電子代工業帶來非常強勁的動能，基本上只要代工廠能從這些大客戶手中拿到訂單，就有機會迎來 EPS 與本益比同步提高的主升段，像是 2018 年的大

立光（3008），就是鏡頭升級趨勢下的最大受惠者。

　　另外，台積電（2330）近年為了保持晶圓代工領域的領先地位，也大幅增加資本支出金額，並積極擴大使用在地原物料、設備供應鏈產品，這些國內設備廠只要接到台積電（2330）的訂單，就非常有機會出現本益比、業績同步提升的情況，像是弘塑（3131）、辛耘（3583）、萬潤（6187）皆是供應先進製程、先進溼製程（按：蝕刻、顯影、去膜、清洗等表面處理製程）、先進封裝半導體設備；光罩（2338）出貨高階製程光罩；家登（3680）出貨光罩盒；中砂（1560）出貨鑽石碟（半導體耗材）等，都是這類型趨勢下非常明顯的案例（見圖表 2-36）。

圖表 2-36　中砂（1560）股價走勢圖

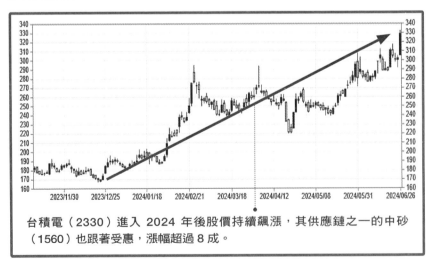

台積電（2330）進入 2024 年後股價持續飆漲，其供應鏈之一的中砂（1560）也跟著受惠，漲幅超過 8 成。

資料來源：台灣股市資訊網。

　　比較可惜的是，2022 年隨著智慧型手機、筆電、桌上型電腦的銷量成長性大不如前，市場關注消費性電子供應鏈的程度也下降許多，就算有公司打進相關供應鏈，股價反應也不見得能像過去幾年，一直到 2023 年後隨著 AI 擴大對高階半導體製程需求，台積電先進製程資本資出持續維持高檔，才使得半導體設備廠又走出一波多頭波段。

　　這種大客戶帶動成長的概念，現在也常應用在其他新興產業，像是伺服器、電動車、綠能等，接下來我也以近年最夯的伺服器產業來說明，讓大家了解公司打進新客戶供應鏈後，業績會出現多強大的成長性！

打入微軟、Meta 雲端供應鏈，營收 7 年增 8 倍

　　伺服器供應鏈是由 IC 晶片廠、零組件廠、組裝代工廠、品牌商、通路商、企業客戶等單位組成，運作程序包括代工廠向上游購買零組件，完成組裝後將硬體交給品牌商，品牌商藉由軟硬體整合服務，為企業客戶打造伺服器機房。其中，臺灣業者多半落在中上游，除了供應重要電子零組件外，還在全球伺服器組裝代工領域市占率高達 90%。

　　以往伺服器產業終端出貨其實都被品牌商所把持，例如惠普（HP）、戴爾電腦（Dell）等大廠，但近年隨著臉書（Fackbook）、微軟（Microsoft）、亞馬遜（Amazon）、谷歌（Google）等推出雲端服務後，企業客戶漸漸不再打造機房，改

波段的紀律

中美貿易戰，臺灣供應鏈直接受惠

　　中美貿易戰讓美國電子廠商慢慢撤出中國代工市場，轉往臺灣或東南亞製造，而原本中國向美國企業採購的晶片等元件，也慢慢將訂單轉向臺灣，使得臺灣部分產業供應鏈成為主要受惠者，像是射頻晶片廠立積（4968）便是由此崛起。

　　立積（4968）的主要產品為整合功率放大器、射頻開關（Switch）、低雜訊放大（LNA）等元件的射頻前端模組（FEM），2019 年開始大量交貨於中國客戶，在中美貿易戰及華為禁令事件後，華為將立積（4968）納入日商 Murata 以外的第二供應商，並掌握 5G 的 WiFi 6 規格 FEM 訂單，推升立積（4968）營運大爆發，股價自 2018 年底的 46.5 元，漲到 2019 年最高 255 元，最大漲幅超過 400%。

　　而美國方面，這幾年依然逐步擴大對中國半導體相關禁令，比如先前輝達（Nvidia）的 AI 顯示晶片（GPU）要銷售至中國，必須降低規格，也就是只能賣出中低階晶片，且推動《晶片與科學法案》（*CHIPS and Science Act*）、《基礎設施投資和就業法案》、《降低通膨法案》等法案，想促使製造業回流美國，但

（接下頁）

在考量成本之下，幾乎還是都往東南亞移轉。

　　臺灣政府近年也有新南向政策，很多上市櫃公司到泰國、越南、菲律賓、馬來西亞、印尼等地方擴產，導致全球供應鏈大洗牌，原本給中國廠商的訂單都轉移到其他國家，比如正基（6546）吃下高通原本給中國廠商的通訊模組訂單、Dell 給中國廠商的類比 IC 訂單轉由通嘉（3588）接手。

　　也有廠商透過建置東南亞生產基地而得到新訂單，例如欣興（3037）的泰國廠，就是配合 Nvidia；華通（2313）的泰國廠為配合 SpaceX 等，都是因趨勢改變而生的新機會。

　　2019 年美國將華為產品列入黑名單，國際晶圓代工場都凍結出貨給華為，當時台積電（2330）則是繼續做華為的供應商。

　　2023 年中國的摺疊手機開始量產，主要關鍵零組件手機軸承，都是向臺灣供應鏈拿貨，如兆利（3548），這檔個股從 2023 年第 3 季起，股價漲幅達 100%，從150 元附近漲至 300 元左右，出現新趨勢後，就有獲利機會隨之而來。

波段的紀律

為將資料儲存在雲端資料中心，造成整個產業生態出現天翻地覆的改變。現在這些雲端業者已不再依賴品牌商幫忙建立資料中心，改為直接與組裝代工廠購買伺服器，這也導致「白牌商機」興起，過去只能做組裝代工的臺灣廠商，反而能打入雲端大廠的直接供應鏈，甚至掌握更多軟硬體整合的商機。

像是緯創（3231）旗下的小金雞緯穎（6669），成立於2012年，當時就是為了服務雲端業者而生，該公司先厚植雲端伺服器的製造實力，並在2015年開發出整合式機櫃，成功打入微軟雲端平臺系統的供應鏈。爾後，Meta（臉書母公司）看到緯穎（6669）的技術實力後，也自2016年開始下單給這家當時成立不到5年的公司。

自此，緯穎（6669）就像過去那些打進蘋果供應鏈的業者，伴隨著下單公司（Meta）的快速成長，自身也得以不斷茁壯，業績從2016年起一路飛躍，2024年訂單每一季已經達到上萬櫃，現階段在全球品牌、白牌的雲端基礎IT架構產品中，已經有高達10%的市占率。

從財報表現來看（見右頁圖表2-37），2016年緯穎（6669）的營收不過317.4億元，2017年便迅速翻倍提高到856.7億元，2018又再次成長2倍來到1,811億元，雖然隨後的2018年至2021年營收變化不大，但2022年又再次膨脹到2,929億元，成長性非常驚人。

不僅如此，以EPS檢視，2016年EPS落在4.46元，2017年

提高到 11.7 元，2018 年隨著營業規模效應帶動毛利率、營業利益率提高，EPS 更是大幅跳增到 38 元，並在毛利率、營業利益率皆穩定成長之下，2022 年 EPS 突破 80 元。

　　而事實上，這樣的產業上升趨勢至今也仍未止歇，成長性更是有增無減，尤其在 ChatGPT 發布後，各大科技廠幾乎傾全力發展 AI，而需要更強大的運算晶片，加上資料中心須容納更多內容之下，高階 AI 伺服器出貨量也大幅成長，為相關廠商帶來更多的成長動能。

圖表 2-37 緯穎（6669）2016～2023 年營業收入及 EPS

年度	營業收入	EPS
2016年	317.4億元	4.46元
2017年	856.7億元	11.7元
2018年	1,811億元	38元
2019年	1,636億元	36.42元
2020年	1,869億元	49.25元
2021年	1,926億元	49.46元
2022年	2,929億元	81.07元
2023年	2,419億元	68.88元

資料來源：台灣股市資訊網。

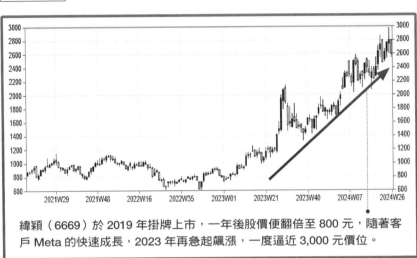

圖表 2-38 緯穎（6669）股價走勢圖

緯穎（6669）於 2019 年掛牌上市，一年後股價便翻倍至 800 元，隨著客戶 Meta 的快速成長，2023 年再急起飆漲，一度逼近 3,000 元價位。

資料來源：台灣股市資訊網。

除此之外，隨著中美貿易戰越演越烈，廠商也被迫形成兩種供應鏈——出貨給中國與不出貨給中國，這也對以代工為主的臺灣廠家變相的創造了機會，因為不同規格意味著將有更多類型的訂單，廠商可藉著彈性生產的優勢持續攻城掠地。

新市場帶來成長動能，電動車供應鏈是典範

除了透過大客戶的訂單挹注營收，新市場也是非常重要的一環，這個概念指的是，當公司產品跨入不同的產業、地區類別（像是本來只做智慧型手機，後來增加車用產品線，或是原本只做亞洲市場，後來拓展至歐美地區國家），兩種跨領域發展都會

讓公司未來成長性大幅提高，股價評價自然也容易提升，近年最好的例子就是電動車供應鏈的崛起。

說到電動車產業，勢必先看特斯拉（TESLA）。特斯拉的 Model S 車款在 2009 年就已推出，但直到 2012 年才實際交貨，當時售價定在 5.74 萬至 8.74 萬美元（以 2024 年 6 月 27 日臺灣銀行公告美元匯率 32.16 元計算，約合新臺幣 184.59 萬至 281.07 萬元）左右，雖然公司將其定位在高階產品，但在電動車基礎建設還不完善的年代，稍低廉的售價較能讓民眾接受。隨後，這個車款在 2013 年大放異彩，在美國中大型豪華轎車的市占率已經超過賓士（Mercedes-Benz）、BMW 等品牌，品牌的含金量也越來越高。

在 Model S 取得成功後，特斯拉又乘勝追擊豪華車輛市場，推出 SUV（Sport Utility Vehicle，運動型多用途車）車款 Model X，並成功在 2015 年交車，同樣取得不錯的成果，讓全世界對電動車的落地與實現越來越有信心，電動車熱潮也就此引爆。

用高階產品打出口碑後，特斯拉開始在 2016 年發布平價車款 Model 3，可說是電動車產業的里程碑，標準版定價在 3.5 萬美元（約新臺幣 112.4 萬元）以內，讓電動車的普及更具想像空間，也真正開啟電動車戰國時代。

在電動車產業的整個崛起過程中，臺灣其實占了非常重要的地位，也有許多廠商從趨勢中受惠良多，因為早期電動車產業鏈尚未成熟，很多大型零組件業者考量到市場規模太小，不願意跟

著一同開發。但臺灣廠商不一樣，由於股本較小，只要有訂單進來就能有機會大幅成長，因此願意嘗試一些比較利基型的產品，藉此掌握成長契機，最經典的案例就是和大（1536）。

　　和大（1536）是國內傳動齒輪、零組件大廠，在 2008 年金融海嘯時接受特斯拉的邀請，提前布局油電混合車及電動車產品，儘管當時訂單不多，但和大（1536）仍願意接單開模研發。經過多年合作之後，和大（1536）也成為特斯拉全車系減速齒輪供應商，營收比重有 35% 以上都來自於此，且隨著特斯拉在產業中地位三級跳，和大（1536）更成為台股中，少數享有高本益比的電動車零組件個股（見圖表 2-39）。

圖表 2-39 和大（1536）股價走勢圖

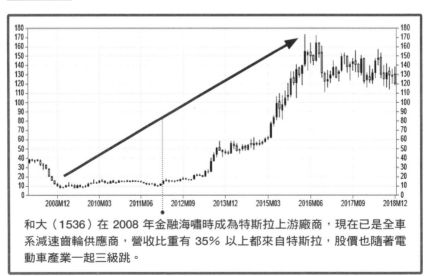

和大（1536）在 2008 年金融海嘯時成為特斯拉上游廠商，現在已是全車系減速齒輪供應商，營收比重有 35% 以上都來自特斯拉，股價也隨著電動車產業一起三級跳。

資料來源：台灣股市資訊網。

　　除了和大之外，後續也有不少個股打進特斯拉的供應鏈，比如恒耀（8349）、聯嘉（6288）、順德（2351）、乙盛-KY（5243）、貿聯-KY（3665）、系統電（5309）等，而 2023 年股價最飆的華孚（6235）也是相同概念，該公司為客製化鎂鋁合金機構件業者，在 1993 年開發出獨門技術半固態射出成型（Thixomolding）工法，早期以 3C 客戶為主，隨著車用輕量化、智慧顯示裝置的趨勢，車用產品占營收比重一舉拉高至 8 成，近年更在特斯拉訂單的帶動之下，營運大幅加溫。

　　華孚（6235）起初主攻的電動車客戶為歐系車廠，包括奧迪（AUDI）、賓士及 BMW，但自 2022 年起，特斯拉為了提升中控平臺穩定性，在新改款車輛中導入鋁鎂合金金屬架，華孚（6235）順利取得認證，相關產品毛利率上看 35%，2024 年更可望出貨 180～200 萬輛，貢獻營收 15～18 億元，使市場看好其全年營運表現。

　　不僅如此，隨著打進特斯拉供應鏈，華孚（6235）也不斷添增設備與擴產，其新能源車產品占整體營收，在 2023 年單季已成長至超過 5 成，創下新高，而且毛利率、淨利率則都創下 2005 年以來最佳表現，加上打入電動車新市場的題材也使其本益比大幅提高，獲利與本益比同步提升，帶動 2023 年出現非常強勁的股價走勢。可惜 2024 年因燃油車復辟、充電樁不足等因素，使電動車市況下滑，連帶股價表現也轉弱（見下頁圖表 2-40）。

圖表 2-40 華孚（6235）股價走勢圖

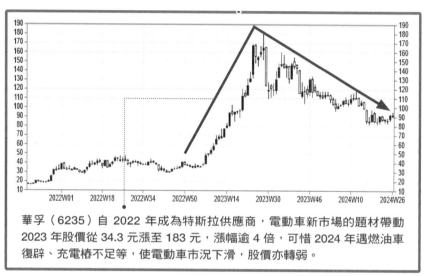

華孚（6235）自 2022 年成為特斯拉供應商，電動車新市場的題材帶動 2023 年股價從 34.3 元漲至 183 元，漲幅逾 4 倍，可惜 2024 年遇燃油車復辟、充電樁不足等，使電動車市況下滑，股價亦轉弱。

資料來源：台灣股市資訊網。

新科技助輕資產股崛起，毛利率普遍超過30％

除了找出正在打入新客戶、新市場的股票，近年我也很喜歡布局在新科技、新商業模式取得重大成果的「輕資產」類股。

什麼是輕資產類股？最知名的就是「FAANG」（Fackbook、Apple、Amazon、網飛〔Netflix〕、Google），它們的主要產品都在雲端上，非實體，包括 Fackbook 的社群服務；Amazon 的網路購物服務；Netflix 的電影、影集、真人實境節目等影片；Apple 及 Google 的各種雲端功能，這些產品及服務與我們的生活息息相關，因此更容易理解公司的發展前景。

投資小百科

輕資產產業

　　主要產品都在雲端上，無須傳統製造業的機器設備，公司主要依靠電腦程式與人力打造軟體產品，資本資出金額小，擴產迅速。

重資產產業

　　與輕資產相反的，即是塑化、重電、鋼鐵、航運、半導體產業等重資產行業，公司必須購買昂貴設備打造產線，廠房從建置到完工通常耗時 1 年以上，因此無法快速增加產能。

　　講到這裡我須先強調，國外投資市場已經出現很明顯的結構轉變，從美國那斯達克綜合指數（NASDAQ）的表現來看，軟體股、訂閱制服務漸漸成為市場主流，這類型個股倚靠強大品牌、高市占率、高消費者忠誠度行銷，資本支出金額雖小，營收成長卻很快，股價爆發力也很強，是未來投資市場的趨勢。

　　而最值得我們關注的是，這類型公司不需要投入太多錢在工廠設備，折舊費用較低，毛利率普遍高於 30％，至於營業利益率變動則比較大，主因是公司初期行銷成本大，必須拚流量及使

用者人數，但只要闖出知名度養成客戶黏著度後，獲利跳升的速度與幅度會非常強勁，也容易讓本益比快速調高。而我認為這類型股票的最大好處是：產品往往可在日常生活中直接體驗，相對容易判斷投資價值，也容易讓投資人有信心增加持股比重。

儘管目前臺灣較少這類型廠商，但我仍舊從日常生活中發現了一些有潛力的商品及投資機會，像是經營交友平臺的尚凡（5278）、切入網紅經濟與小眾直播商機的美而快（5321）、醫美產品研發的麗豐-KY（4137）、第三方支付業者綠界科技（6763）等。

直播新商業模式，成本低、毛利高

尚凡（5278）過去以交友軟體「愛情公寓」起家，業績還算穩定，但 2014 年新加坡的 BeeTalk 進入臺灣後造成嚴重威脅，使其 EPS 出現斷崖式崩跌。後來尚凡（5278）下定決心轉型，沉澱 3 年後於 2017 年在主力平臺 iPair 加入直播功能，一舉逆轉頹勢，也搭上後來的直播熱潮。

事實上我在 2018 年底使用過尚凡（5278）的交友軟體後，就已發現這個新商業模式，使用者在看直播「斗內」（Donate 諧音，指透過發送貼圖提供現金贊助，贊助的金額再由平臺與直播主按比例拆分）直播主時，不管是用超跑貼圖還是火箭貼圖、發送 1 次還是 10 次貼圖，對於尚凡（5278）來說成本一樣，都只有製作 1 張貼圖的費用。

　　而消費者必須購買足夠的虛擬幣才能發送貼圖，且不同貼圖所需的虛擬幣值也不同，例如汽車貼圖的虛擬幣值換算成新臺幣為 888 元，火箭貼圖則是 8,888 元，因此消費者送出火箭貼圖的毛利是汽車貼圖的 10 倍，換句話說，尚凡（5278）除了平臺維運之外，不需要花費太大成本就擁有非常高的毛利，因此只要營收提高，EPS 就能快速成長。

　　想通這點後我再檢視財報，又發現尚凡（5278）已經連續好幾個月營收成長 30% 以上，研發的產品也即將進入收割期，便在 2018 年 6 月底價位 65 元附近進場，2019 年 3 月時出場，當場股價已漲至突破 200 元。之後股價也持續大幅上揚，並且配息穩定，本益比更是扶搖直上，加上大研生醫這隻小金雞獲利表現強勁，是公司營收的第二支柱（見下頁圖表 2-41）。

新政策吸引資金，綠能、重電是全球趨勢

　　最後一個容易推升本益比評價的基本面關鍵要素是新政策，也就是擁有政府補助支持的政策性產業。政府為了通過政策，多半會耗費大量社會資源，也會編列執行預算，所以不太會因為短期的景氣逆風就改變政策，因此政府會持續扶植被補貼的產業，相關公司也會收到長期而穩定的訂單，容易吸引法人投入資金，使得本益比提高。

　　像是近年氣候變遷的議題愈加重視，淨零碳排（Net Zero Emissions，指讓人為造成的溫室氣體排放極小化，再利用負碳

圖表 2-41 尚凡（5278）股價走勢圖

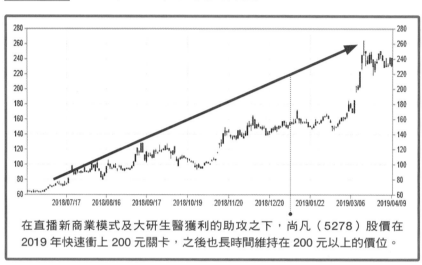

在直播新商業模式及大研生醫獲利的助攻之下，尚凡（5278）股價在 2019 年快速衝上 200 元關卡，之後也長時間維持在 200 元以上的價位。

資料來源：台灣股市資訊網。

技術、森林碳匯等方法抵銷，達到淨零排放的結果）已是世界各國共識，不少國際大型企業如蘋果、Meta、Google、微軟、IBM（International Business Machines Corporation，國際商業機器公司）、亞馬遜等，都開始希望供應鏈能增加再生能源的使用量，「ESG」投資概念也在市場大行其道。ESG 是以環境（Environmental）、社會（Social）、公司治理（Governance）組成，主要含意是永續投資，希冀企業在創造漂亮財報之餘，也能兼顧環境保護、社會永續發展。

儘管怎麼做好 ESG 還沒有很清楚的定義，多數企業也仍在摸索，但大多數公司發展 ESG 的大方向仍以強調環保、降低碳

排放為主，發展再生能源成為勢在必行的政策方向，現階段國內
政府也瞄準太陽能、風電等綠色能源，尤其台積電收購了幾乎臺
灣 99% 綠電憑證（按：證明所購買的電力來自再生能源，臺灣
採取「電證合一」制，購買綠電憑證表示同時也買進了相同電量
的綠電）、政府打算新增設碳權（按：碳排放權利）交易平臺，
都推升相關類股的本益比提高。

　　而事實上，根據國際再生能源總署（IRENA，International
Renewable Energy Agency）預估，全球再生能源發電量比重將從
2050 年提升到 86%，與現今約不到 30% 相比，後續的發展空間
相當大，也意味著能把握住商機的公司，業績可望出現爆發性的
成長。

太陽能、風電、重電、儲能，動能直達 2028 年

　　臺灣的綠能政策主要瞄準節能、創能、儲能、智慧系統整合
等領域，其中創能是增加再生能源量，並且直接點名太陽能及風
力發電，因此我主要觀察「重電五霸」的士電（1503）、中興電
（1513）、亞力（1514）、華城（1519）、大同（2371），及
「風電雙星」的世紀鋼（9958）、森崴能源（6806）等個股。

　　2023 年後台電實施強韌電網計畫，總體預算超過 5,000 億
元，再加上各國政府推行綠電減碳政策，使得電價不停上升。新
能源發電後，新電網布建在即，使得重電業備受關注，在關鍵零
組件短缺、產能短時間難以大幅度擴產等因素下，相關產品價格

逐年上升，目前國內重電公司在手訂單皆超過百億元，產業能見度來到 2027 年、甚至 2028 年，相關資訊也能從資產負債表的合約負債提前看出。

至於儲能、智慧系統，則是要增加能源的運用效率及減少浪費，像是為了解決臺灣電網過於老舊的問題，經濟部加碼提出「強化電網千億預算計畫」，2 年內的短期計畫著重「快速復電」、「分散風險」，主要提升電網區域分散性及新設電網併網節點，這兩項措施能快速恢復事故造成的停電，也會新增儲能設備，增加太陽光電廠自有電源；中、長期計畫則包含 5 年內加強樞紐變電所分群、10 年內完成供電瓶頸區的新建變電所、強固現有主幹線、加速再生能源併網等工程，預期計畫投入金額將上看 3,000 億元，直接帶動電網、儲能產業本益比提高。

綜合以上，**臺灣綠能新政策帶來的四大商機就分別為：太陽能、風電量、電網及儲能設備**，接下來我以受惠於題材而本益比大幅提高的中興電（1513）與世紀鋼（9958）為例子說明。

中興電（1513），留意都更題材

中興電（1513）主要從事電力工程及電力設備銷售，業務涵蓋重電、電表、案場開發等，是台電評鑑通過的高壓氣體絕緣開關（Gas Insulated Switchgear，簡稱 GIS）供應商，以 GIS 設備 6kV、22kV、69kV、161kV、345kV 幾項規格來看，目前中興電（1513）在 161kV、345kV 規格的高階產品中，市占率高達

圖表 2-42 國內綠能概念股與相關產品

產業別	股票與代號	相關產品
重電	大同（2371）	高中低壓變壓器、高低壓開關、配電盤。
	東元（1504）	高中壓開關、配電盤。
	中興電（1513）	特高壓開關、中低壓開關。
	士電（1503）	高中低壓變壓器、高壓開關、配電盤。
	華城（1519）	特高壓變壓器、高中低壓變壓器、配電盤。
	亞力（1514）	低壓變壓器、中低壓開關、配電盤。
儲能系統	台達電（2308）	國內電力相關產品線最完整，亦為全球電源龍頭，能提供一條龍整合方案服務。
	光寶科（2301）	提供電源系統相關零組件。
	旭隼（6409）	逆變器與電池組合成之一體化解決能源方案，較偏向家用型產品。
	台泥（1101）	收購歐洲儲能公司，強化能源管理系統、電力轉換裝置設計與製造能力。
太陽能	聯合再生（3576）	2020 年跨入儲能業務，部分為台電標案，公司也持續投入漁電共生太陽能專案。
	安集（6477）	公司除太陽能模組產品，持續布局太陽能電廠，擁有自有電廠。
	元晶（6443）	產品涵蓋太陽能電池、模組、生產銷售，也提供電廠興建系統整合服務。
風電	世紀鋼（9958）	風機水下基礎建設。
	森崴能源（6806）	風機基礎建設。
	華新（1605）	風機海底電纜。

資料來源：台灣股市資訊網。

85%，意味著台電接下來要更新電網，中興電（1513）都絕不會缺席。

從數據來看，臺灣 2021 年整體電力設備及製造業設備產值約落在 4,731 億元，2017 年至 2021 年的年複合成長率穩定落在 6%，而政府打算在 10 年內投入 3,000 億元更新電網與儲能設備，對中興電（1513）是很強大的成長力道。而最值得留意的是，GIS 生產需要很完善的測試設備，進入市場初期需要大量資本投資，所以中興電（1513）在產業中並沒有太明顯的對手，有法人就看好其在手訂單可望超過 500 億元，以 1 年營收約 200 億元來看，營運狀況有機會穩健延續至 2025 年！

在這個趨勢支持下，中興電（1513）股價自 2022 年底就開始一路上漲，從 50 元左右的水準，一路上漲到 2023 年中的 120 元、2024 年 4 月站上 221 元，市場給予的本益比也從過去 10 至 15 倍左右逐步拉高，到 2024 年中已突破 20～25 倍，是典型新政策拉高本益比的案例。

中興電（1513）可說是族群中表現最穩定的一檔，其 GIS 設備在國內具有寡占優勢，假設其他廠商標下政府標案需要 345kV 的 GIS 設備，也只能向其採購；另外還擁有氫能、嘟嘟房停車場、三重都更案等題材，都為後續獲利成長帶來想像空間。

世紀鋼（9958），受惠於風電政策

世紀鋼（9958）為國內鋼構廠，2018 年以前的獲利表現並

不突出，但自從 2018 年打入國內風電供應鏈後，就頗受市場關注，也開始出現動輒 20～30 倍本益比的股價，當年股價也一舉衝過 100 元關卡。2024 年 6 月股價則漲到了 372 元，支撐高股價的理由，是政府政策訂定 2025 年離岸風場發電量需達到 5.5GW，太陽能發電達到 20GW 發電量，世紀鋼（9958）是臺灣水下基樁的王者，在政府推行離岸風場設備國產化之下，潛在訂單已看至 2027 年（見圖表 2-43）。

　　從財報來看，世紀鋼（9958）2019 年、2020 年、2021 年的 EPS 都呈現穩健成長（見下頁圖表 2-44），2022 年則遇到比

圖表 2-43　世紀鋼（9958）股價走勢圖

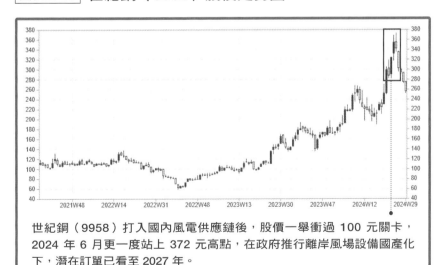

世紀鋼（9958）打入國內風電供應鏈後，股價一舉衝過 100 元關卡，2024 年 6 月更一度站上 372 元高點，在政府推行離岸風場設備國產化下，潛在訂單已看至 2027 年。

資料來源：台灣股市資訊網。

圖表 2-44 世紀鋼（9958）2019～2023 年營業收入及 EPS

年度	營業收入	EPS
2019年	24億元	3.53元
2020年	57.3億元	3.59元
2021年	99.4億元	5.46元
2022年	92.2億元	1.59元
2023年	145億元	4.46元

較大的逆風，主要原因是丹麥的哥本哈根基礎建設基金（CIP，Copenhagen Infrastructure Partners）對套筒式基樁（Jacket）的檢驗更嚴謹，風電營收認列的比較少，另外疫情與缺工問題也使得工程進度延宕，導致外購成本增加，拉低整體毛利表現，但儘管基本面雜音多，股價仍受惠於市場對於風電政策的想像，一直維持在相對高檔。

投資傳產股，財報利多公布再進場

從上述各項案例的解析，相信大家對於找出本益比容易提高的股票已有基礎概念，只要透過大客戶、新市場、新產品、新政策四大面向搜尋產業，再用財報簡單過濾，也就是結合前面小節的內容，就可以找出有機會大幅飆漲的個股。

　　曾有不少人問我，投資到底該選「營收帶動型」（客戶訂單數多、金額大，但毛利率沒增加），還是「獲利結構改變型」（營收變化不大，但產品結構改變帶動毛利大幅改善）的股票？依據我過去的經驗分析，營收帶動型的公司股價反應較快，因為每個月都會公布營收，投資人可以馬上確認公司業績、決定入場；而獲利結構改變型的股票，由於毛利率、營業利益率等一季才公布一次，也就是必須等一季之後才能檢視公司實際的財務變化。由於**全世界只有臺灣股市是一個月就公布一次營收**，所以我會善用台股這個優點，選擇每個月都能檢視的營收帶動型的股票。

　　最後我再分享一個小訣竅，即是傳產股通常對於各項營收、財報利多的反應速度較慢，所以若是在財報優於預期後再追價，往往仍比電子股有更多上漲空間，因為臺灣電子供應鏈集中，大家容易得到電子業營收好轉或接到大客戶訂單的訊息，股價容易提前反應。但傳產相對比較封閉，營收較不會像電子類股爆發性成長，法人投資人通常會等到實際數據開出後才開始進場，建議大家可以應用這個概念多加觀察。

6

散戶必學——產業由上而下選股

在學會非常嚴謹的 EPS 及本益比估價法後，相信大家一定也好奇，有沒有比較簡易的選股方法，接下來我再分享一套散戶較容易入門的「產業由上而下」選股法。

顧名思義，由上而下選股就是從總體經濟、產業到個股，三個面向依序一路往下解析，相較於前面兩種以檢視個股個體營運狀況為主，這種操作法更傾向於先找出有潛力的產業，再從產業中選出股價較有機會向上發動的股票。

臺灣的上市櫃公司，大都是賺取全球供應鏈的中間財，產業發展的邏輯是，一線業者也就是龍頭股，像是晶圓代工的台積電（2330）、成衣代工的聚陽（1477）、被動元件的國巨（2327），這些公司最容易拿到品牌訂單，當他們的產能滿載後，訂單就會往二線業者轉移，例如晶圓代工的聯電（2303）及世界（5347）、成衣業有南紡（1440）、被動元件的華新科（2492）等。因此若是產業需求非常強勁，理應一、二線業者都

波段的紀律

會訂單滿載，例如 2018 年被動元件產業大好年、2020 年疫情之下的海運及鋼鐵大年等，所以透過這些公司的法說會內容相互驗證，就非常有機會找出下一個具備成長潛力的產業。

我自己在使用這套方法時，一開始是先多聽龍頭股的法說會內容，只要有龍頭公司對該產業釋出樂觀展望，就可以研究整個次族群、二線業者。以重電業來說，2024 年股價大漲後，投資人便從電網零組件聯想到電線電纜，這些並非重電族群裡最爆發的產業，即屬於次族群，通常會在主要族群漲過一波後，股價才被帶動往上。

在多數情況下，若是產業前景真的夠好，這些次相關族群及二線業者因為股本較小，股性多半較為活潑，就容易出現飆股，接下來只要按照技術面鑽豹三刀流（詳見第 3 章）的原則進出場，就可以掌握不錯的獲利。

值得一提的是，這種由上而下、從有題材的產業切入到個股的手法，最大好處是可以省去很多做功課的時間，且因為龍頭股的資訊通常很公開透明，除了會上傳法說會資料到公開資訊觀測站，臺灣證券交易所（簡稱證交所）及證券櫃檯買賣中心（簡稱櫃買中心）有時也會提供法說會影片，善用這些資源，很快就可以取得最新資訊（見附錄二）。

另外，如果沒時間聽法說會，直接看法人研究報告也是一種捷徑，因為熱門產業的績優股，通常也都是法人必定追蹤的標的，會及時更新報告內容，多閱讀、多驗證，自然能從中找到蛛

絲馬跡，提前卡位。

比起目標價，研究報告的邏輯性更重要

　　一般投資人看到這裡，最大的疑惑多半是如何取得法人研究報告，但事實上，找報告的過程絕對比想像中簡單。只要到有投顧部門的券商開戶，券商幾乎都會免費提供，所以多在幾家券商開戶，就能取得不同投顧單位的報告，甚至現在行業積極競爭業績，有些營業員也會在社群軟體上轉貼。

　　散戶在看研究報告時，通常關注目標價，但以我過去做法人業務的經驗，法人更在乎的是邏輯性。例如若上、下游公司的看法不同，可能代表這個產業還未全面轉好；而若同業對業績看法的差異很大，就代表有人報喜不報憂，或是有人訂單被取消。

　　此外，我不僅只看龍頭股研究報告，包括冷門公司的法說會、研究報告也都會花時間鑽研，並透過對比、驗證，找出真正有機會飆漲的黑馬股。

龍頭股報喜，概念股全上揚

　　台積電（2330）這幾年可說是最佳產業風向球，因為不管是汽車、手機、電腦、AI 伺服器等，通通都要使用 IC 晶片，所以當台積電（2330）法說會重複講到車用 IC 需求提高，又中國及美國政府通過法規，要在未來幾年讓電動車更加普及，便直接帶出了「電動車」這個投資主題，整個產業也面臨質變。

當時我往電動車上游產業尋找，注意到大眾控（3701）打入車用 AR HUD（擴增實境抬頭顯示器）業務，拿下中國大陸電動車廠訂單，這檔股票同時符合由虧轉盈、新產品開花結果、營收大幅成長等條件，股價從 2021 年 7 月的 16 元，一路飆漲到最高 98 元（見圖表 2-45）。

圖表 2-45　大眾控（3701）股價走勢圖

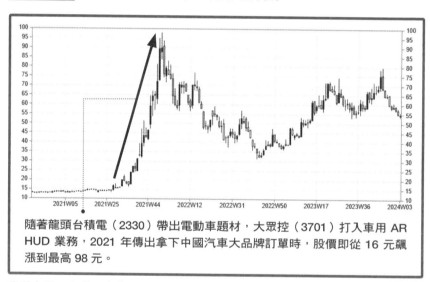

隨著龍頭台積電（2330）帶出電動車題材，大眾控（3701）打入車用 AR HUD 業務，2021 年傳出拿下中國汽車大品牌訂單時，股價即從 16 元飆漲到最高 98 元。

資料來源：台灣股市資訊網。

IC產業實例：天鈺（4961）

另一個例子是，聯電（2303）、世界（5347）這幾年一直都提到成熟製程大幅缺貨，後來面板價格一直上漲。同時，友達（2409）也在法說會上驗證面板業榮景，驅動 IC 業者聯詠

（3034）因晶圓廠產能不足調漲報價，這時我非常確信驅動 IC 漲價潮能延續，就從產業中發掘了天鈺（4961）。

天鈺母公司為鴻海（2317），當時在母公司幫助下成功取得夏普（SHARP）晶圓廠產能，順利出貨驅動 IC，營收大幅成長、單月公告自結獲利也出現顯著成長，在 2020 年 11 月到 2021 年 4 月僅僅半年，股價就從最初 35 元左右漲到最高 395 元。

2020 年 12 月中旬，天鈺（4961）由於股價漲勢過快，從 42.05 元漲至 123 元，被迫公告結算數字，當時單月獲利接近 1 元水準，但股價才 84 元左右，我很快的用單月獲利乘以 12 個月分，換算出未來年度獲利（EPS）會有 12 元以上，但股價連 10 倍本益比都不到，所以即使前面已經漲停好幾次，我還是選擇買進，但也因為後續漲幅實在太快，我約莫在股價上漲至 100%、來到 180 元附近，就開始陸續出場，導致錯過後續更大行情（見下頁圖表 2-46）。

傳統產業實例：彰源（2030）、東和鋼鐵（2006）、中鋼（2002）

2020 年貨櫃三雄長榮（2603）、陽明（2609）、萬海（2615）受惠全球大塞港，業績噴發，隨後 2021 年散裝航運類股慧洋-KY（2637）、裕民（2606）、新興（2605）也複製相似故事，代表全球景氣大幅好轉，對原物料需求也大幅提高。隨後，當中鋼（2002）開始調漲報價，又中國公布碳中和政策目標

圖表 2-46 天鈺（4961）股價走勢圖

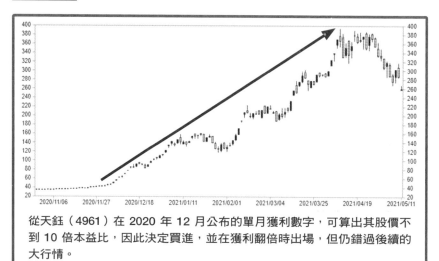

從天鈺（4961）在 2020 年 12 月公布的單月獲利數字，可算出其股價不到 10 倍本益比，因此決定買進，並在獲利翻倍時出場，但仍錯過後續的大行情。

資料來源：台灣股市資訊網。

後，鋼鐵產業便出現大轉機，我也趁機卡位東和鋼鐵（2006）、新光鋼（2031）等個股。

2020 年底航運類股大漲後，運送的原物料引起我的注意，發現鐵礦砂的運價開始上揚，以及運送鐵礦砂的散裝航運公司報價也開始往上，因此在年底開始布局，分別在中鋼（2002）22 元及東和鋼鐵（2006）33 元左右時買進，於 40 元及 55 元附近出場。有趣的是，同樣是不鏽鋼族群，有的公司股價發動較緩慢，因此在中鋼（2002）與東和鋼鐵（2006）皆取得獲利後，我將資金轉向才要開始起漲的彰源（2030），在 22 元買進，持有時間不到兩個月後，在約莫 38～40 元出場，報酬率 82%。

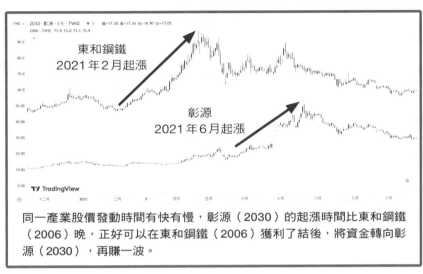

圖表 2-47　彰源（2030）與東和鋼鐵（2006）股價走勢圖

同一產業股價發動時間有快有慢，彰源（2030）的起漲時間比東和鋼鐵（2006）晚，正好可以在東和鋼鐵（2006）獲利了結後，將資金轉向彰源（2030），再賺一波。

資料來源：TradingView。

　　與彰源同時入場的還有散裝航運股慧洋-KY（2637），同樣在兩個月內以報酬率約 43% 獲利了結，雖然要論散裝航運的漲幅，還是不如貨櫃航運，但只要產業龍頭市況好，周邊族群肯定也不會差，能在傳產有這樣的成績，我已經心滿意足。

重電產業實例：亞力（1514）、中興電（1513）

　　2024 年 1 月 18 日，台積電（2330）在法說會上明確指出，AI 高毛利率產品是公司成長主要來源。要建置完整的 AI 伺服器，高速的處理勢必需要足夠的電力，所以台積電法說會再次指引明燈，只需往重電五霸、風電雙星（世紀鋼〔9958〕、森崴能

源〔6806〕）、散熱三巨頭（雙鴻〔3324〕、高力〔8996〕、奇
鋐〔3017〕）、光通等族群去尋找標的即可。

　　全球 AI 大建置加提倡綠電等乾淨能源，使得各國政府都
在拚綠電基礎建設，從 2023 年底開始，亞力（1514）、中興
電（1513）等重電巨頭，都在法說會表示在手訂單多達數百億
元，且產能滿載至 2026 年至 2027 年。海外訂單成長性強、產業
趨勢明顯，因此從法說會後公布的合約負債，與觀察公司營收
公告，可以發現都還有很大的空間足以進場布局股價，像是中
興電（1513）在 2023 年 11 月 27 日法說會後入場，都還有接近
100% 的漲幅空間；同時期 11 月底亞力（1514）法說會後，股

圖表 2-48 亞力（1514）股價走勢圖

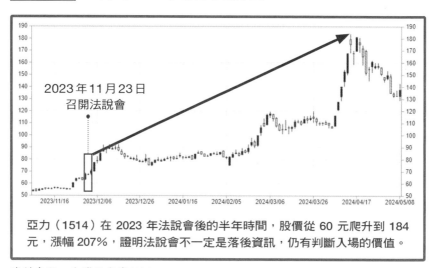

亞力（1514）在 2023 年法說會後的半年時間，股價從 60 元爬升到 184
元，漲幅 207%，證明法說會不一定是落後資訊，仍有判斷入場的價值。

資料來源：台灣股市資訊網。

價也有從 60 元爬升到 184 元的漲幅，再次證明法說會不一定是落後資訊，仍有判斷入場的價值（見左頁圖表 2-48）。

龍頭怎麼找？看台積電就對了

最後我再總結一下。一般投資人若是覺得龍頭太多，不知該關注哪幾家，其實只看台積電（2330）一家就能抓住產業趨勢。

它在 2023 年第 3 季的法說會上表示，手機及電腦的晶片需求穩定，也有急單出現，透露出雖然還不能確定就是需求反轉，但客戶的庫存控制狀況已經比預期的健康，因此展望 2024 年會是營運健康的一年。

此外，目前最先進的 3nm（奈米）製程，主要由高效能運算（HPC，High Performance Computing）和智慧型手機需求為主，現在有電腦等終端產品也融入 AI，可望帶動更強勁的 AI 成長動能，而這也是台積電（2330）營收最大的來源。

我們也可以從智慧型手機的年銷量來看，2023 年全年手機銷量落在 11.7 億支，回顧過去 2014 年就已賣出了 12.4 億支，等於完全退回到 10 年前的低點。但從 2023 年第 3 季整體智慧型手機出貨量成長，和新款 iPhone 的銷售量來看，再加上各國購物季及聖誕促銷，第 2 季確實就是谷底，且第 4 季整體手機銷售也如台積電（2330）所述顯著增長，尤其沉寂兩年的華為大推新機搶市，在 Mate 6 系列及 Mate X5（摺疊機）的帶動下，把華為重新拉回中國手機市場前五榜單上。

波段的紀律

　　另外值得注意的一點是，在手機變化已無新意之下，**摺疊機型成了市場新希望**，但目前摺疊機在市場滲透率僅 1.4%，如未來製造成本降低、新機售價下降，滲透率即有望逐步上升，樂觀的話，或許 2027 年就有機會翻倍成長至 5% 以上，而這也將為臺廠供應鏈帶來相關機會，如兆利（3548）、富世達（6805）及新日興（3376）。

　　其實早在 2023 年第 4 季台積電（2330）明示下，摺疊機軸承與手機相關供應鏈都有過一波表現，比如製造功率放大器的穩懋（3105）（見圖表 2-49）、宏捷科（8086），IC 設計龍頭聯發科（2454），以及鏡頭絕對王者大立光（3008），甚至連做揚聲器的美律（2439），股價都出現不小的漲勢。

圖表 2-49 穩懋（3105）股價走勢圖

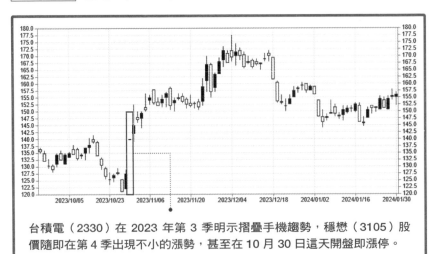

台積電（2330）在 2023 年第 3 季明示摺疊手機趨勢，穩懋（3105）股價隨即在第 4 季出現不小的漲勢，甚至在 10 月 30 日這天開盤即漲停。

資料來源：台灣股市資訊網。

圖表 2-50　**各產業一定要觀察的龍頭股**

產業別	龍頭股名稱與代號
矽晶圓	環球晶（6488）、中美晶（5483）、台勝科（3532）
晶圓代工	台積電（2330）、聯電（2303）、世界（5347）
半導體封測	日月光投控（3711）
驅動 IC	聯詠（3034）、敦泰（3545）、天鈺（4961）
IP 矽智財	創意（3443）、智原（3035）
手機 IC	聯發科（2454）
PCB	華通（2313）、臻鼎-KY（4958）
IC 載板	欣興（3037）、南電（8046）、景碩（3189）
電子書	元太（8069）、振曜（6143）
被動元件	國巨（2327）、華新科（2492）
原物料	中鋼（2002）、台塑化（6505）、南亞（1303）、台塑（1301）、台化（1326）
貨櫃航運	長榮（2603）、萬海（2615）、陽明（2609）
散裝航運	慧洋-KY（2637）、裕民（2606）、新興（2605）
重電	華城（1519）、士電（1503）、中興電（1513）、亞力（1514）、玖鼎電力（4588）、大同（2371）
散熱	奇鋐（3017）、雙鴻（3324）、健策（3653）、高力（8996）
光通訊	波若威（3163）、上詮（3363）、眾達-KY（4977）
風電	世紀鋼（9958）、森崴能源（6806）、上緯投控（3708）

資料來源：台灣股市資訊網。

雷老闆的波段投資金律

- 想賺取 50～100% 的波段漲幅，約需 1～3 個月。

- 本益比 10～15 倍的股票，是很好的介入點，長線
  漲幅可達 50% 以上。

- 全世界只有台股是每月公布營收，好好掌握「營收
  帶動股」。

- 景氣好時，存貨項目增加是加分；景氣下滑，存貨
  就變成扣分。

- 合約負債也是觀察指標，約占股本的 5% 或月營收
  金額的兩倍，就值得研究。

- 大猩猩選股法四大特徵：新大客戶、新市場、新商
  業模式、新政策。

鑽豹三刀流，最強技術指標

1

盤整後第一支長紅 K，
主力進場價

　　我常遇到投資人詢問，某檔股票好不好？能不能加減碼？要不要停損出場？看似想了解一間公司基本面，確認進出場價位，但其實進場前都沒有先想好出場策略。

　　初入股市，第一步該做的不是研究公司，而是先擁有一個可以不斷修正的進出場策略。接下來，是我將多年經驗累積濃縮而成的「鑽豹三刀流」投資思維，希望能幫助投資人可以在進入市場前，先依據自己的風險忍耐度，做出適合的入場布局。此外，三刀流並非執行順序，而是三個操作原則，最好的狀況是三刀齊備再出手，投資信心會更堅強。

投資散戶的通病——賠大賺小

　　投資如同一場賭局，每個賭局背後都相對有勝率及賠率（也就是獲利及虧損的機率），散戶進場往往只想到勝率，忘了先靜下心來計算，這是不是一樁划算的投資，結果進場後面對的風

波段的紀律

險，往往遠高於想要的報酬。

　　請大家先問自己一個問題：跟朋友猜拳，理論上輸贏的機率一樣，那麼你願意接受朋友猜贏了要給對方 1,000 元，而你猜贏的話卻只能拿到 300 元，這樣的協議嗎（賠大賺小）？如果不願意，為什麼換到股票市場裡，大多數投資人會願意接受賠得多、賺得少？

　　這個問題並非沒有根據，因為每次有人問到：「這檔股票已經跌 30%，全部的技術線型都跌破了，我該不該賣？」我都會反問為何不賣，回答往往是：「它的基本面還不錯呀，如果賣了之後又反彈怎麼辦？」這時我會再問對方，反彈到多少才會賣？得到的答案通常都是「回到成本」，或「賺 10% 我就賣！」

　　看出問題點了嗎？原本進場只打算賺到 10% 利潤就出場，為了等待這 10%，寧願長期承受 30% 的損失，結果卻在股價開始上漲、由虧損轉為獲利時，只回升到成本價就出手賣掉，最終只是白忙一場。

　　因為**投資賺錢的基本公式是「報酬率乘以勝率」**，當報酬率不夠高時，就必須提升勝率才能獲利，但勝率必須透過長期經驗累積，很難短時間內拉高，所以一般散戶較能掌握的是提升報酬率，也就是要**捨棄「有賺就好」的心態，應該堅守達到目標價才出場的原則**，而目標價通常應該是停損金額的 1.5 倍以上，假設願意賠 10 元出場，那報酬最起碼要有 15 元。

　　如果不提高報酬率，卻能忍受高虧損，從下列例子可以看

出，長期累積下來會是虧損的結局。

假設某檔股票有：

70% 的機率獲利 10%（報酬率 10%、勝率 70%）

及 30% 的機率虧損 30%（報酬率 -30%、賠率 30%）

投資 10 次的結果為：

賺到 7 次的累積獲利為 7%

（10 次×70%勝率×10%報酬）

賠了 3 次的累積虧損為 -9%

（10 次×30%賠率×-30%報酬）

7%＋-9%＝-2%，投資 10 次的合計結果為虧損 2%。

　　第二個問題是，如果當初只是因為股價便宜、並非看好基本面而買進，那麼股價「回到成本」時，理論上也還是便宜，為什麼就要賣出？可見當部位太多，導致損益充滿腦海時，大多數人的投資邏輯就完全亂了套。

追隨主力的成本價，讓主力保護你

　　台股達到萬點之後，市場已經不缺優質公司，怎麼買得安全才是重點，要麼買在一個很好防守的價位，要麼**買在市場上主力大舉進場的時候**（這時的價位是主力的成本），也就是被保護的相對低檔位置，而不是買在最低點。

波段的紀律

　　因為最低點通常都是前一波停損砍出來的，止跌原因可能這已是長期大戶的成本價位，或公司派認為股價已經來到相對低點，而陸陸續續進場承接。這個承接區通常會維持一段時間，例如 1 個月以上，原因在於假設大戶要買進 10,000 張，絕對不會在股價低檔時選擇 1 天就全數買完，因為這時通常成交量不夠，大量買進只會快速墊高價格。不過這個承接時間不易預估，較穩當的做法，是以過底部的帶量 K 棒（伴隨高成交量的 K 棒）作為大戶開始加碼的點，這時股價已經避開整理區間，進場才相對有效率。

　　我以光通族群的上詮（3363）為例，它從 2023 年 12 月進入盤整，在 2024 年 2 月 1 日止跌拉出一支帶量紅 K 棒，我在此時進場布局，股價距離前一波整理區漲幅約只有 10％ 左右，也就是我可以承擔 10％ 的下跌風險（見右頁圖表 3-1）。

　　由於這支紅 K 棒是股價經過底部整理後，第一次出現大成交量，這種情況不太可能是散戶前一天約好每人買一張，判斷是有囤貨大戶準備發動，引起市場注意，那麼這支紅 K 棒的價格就是大戶的主要成本，在這一天或隔天之後的盤整期，都是買進時機。

用 10～15％ 資金買進，停損設定 10％

　　此外，我在底部通常願意忍受的停損範圍即是 10％，而在上詮（3363）這一檔的關鍵是，當股價下跌 10％，即是回到大

戶承接的成本價，此時大戶可能會因為還沒建置完部位而繼續買進，因此選擇在股價長期整理後出現帶量紅 K 棒時進場，買進價格與大戶的成本價差距並不大。

　　再從基本面來看，當時搭配 AI 伺服器需更換新一代光通零組件的題材，市場紛紛看好光通族群未來業績，平臺整理完的股價突破，有很高的機率會是波段起漲點，只要行情好就不太可能跌破。然而就算真的跌破了，以單檔布局資金僅占總資金的 10〜15% 來說，跌破 10% 頂多也只是總資金 1〜1.5% 的虧損，以總資金 100 萬元計算，單檔投資部位僅約 10 萬〜15 萬元，下跌 10% 便是 1 萬〜1.5 萬元，必須連續虧損近百次，才可能賠掉

圖表 3-1	上詮（3363）股價走勢圖

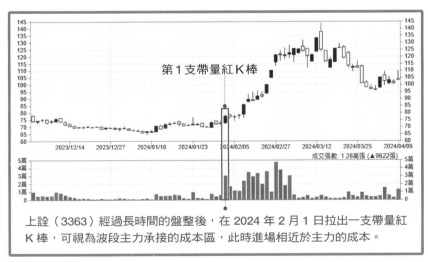

上詮（3363）經過長時間的盤整後，在 2024 年 2 月 1 日拉出一支帶量紅 K 棒，可視為波段主力承接的成本區，此時進場相近於主力的成本。

資料來源：台灣股市資訊網。

所有資金，因此無須太擔心。

綜合上述，三刀流中的第一刀就是：在底部整理過後的第一支帶量紅 K 棒的隔天進場，買進足夠的水位（5～15％），並且控制下檔風險在 10％ 左右。這樣股價上漲時獲利才有效率，同時也能守住與大戶相近的波段成本。

突破盤整的長紅 K，每次回檔有支撐

在上詮（3363）這一檔股票，很多投資人會認定，這一波段的最底價是 64 元（2024 年 1 月 9 日），出現第一支紅 K 棒時已經上漲超過 10％ 了，價位比較貴而不願意出手，我必須強調這是一個絕對錯誤的想法。

通常股價低檔進入量縮整理後，若是基本面沒有疑慮，大戶都會覺得此時價位便宜，而開始掛單買進，且因為量縮，他們不會大動作一天就建置所有部位，避免因此推升了股價。而會有區間低點，便是因為大戶持續以低價掛單買進撐盤，加上長期套牢的人停損賣股，兩方一拍即合之下，導致股價一直處於大戶低掛的位階，當低價賣出的人越來越少，大戶會開始上調買進價格，區間低點於是成形。

一般散戶通常不會注意低檔整理的股票，也不了解其中變化細節，才會覺得股價突破波段已經買貴。如果硬要追求最低價，除非有判斷最低點的能力，並且願意忍受長期盤整區間，否則等股價整理完發動再進場，會相對有效率許多，這時比大戶的成本

高一點，絕對是可以接受。

　　所以，我在設定波段報酬時，通常不會只有設定 10%，而是盡量往上提高至 15～20% 以上，突破股價整理區的那支長紅K 棒，會變成每次回檔後的關鍵支撐，因為大戶會把資金留著，等回檔到這附近後再繼續買，便會把回檔的價位再推升上去。

　　最後再用重電族群中的中興電（1513）舉例，它在 2023 年 11 月 24 日拉出長紅後，股價上漲至 117 元，與前波整理區間在 100 元附近，距離約 17%，這時只須以 10% 作為停損金額，就可以守住與主力相近的成本，因為主力在前面 3～4 個月的整理區間買進成本，平均也約在 101～109 元之間（見圖表 3-2）。

圖表 3-2　中興電（1513）股價走勢圖

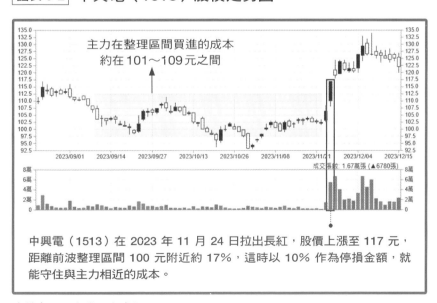

中興電（1513）在 2023 年 11 月 24 日拉出長紅，股價上漲至 117 元，距離前波整理區間 100 元附近約 17%，這時以 10% 作為停損金額，就能守住與主力相近的成本。

資料來源：台灣股市資訊網。

2

同族群一起轉佳，
進場後還能漲 30%

第二刀流看的是族群業績與股價有沒有一同表態，一旦在第一刀流發現，某檔股票在整理後股價開始活躍，不管是出現第一支帶量長紅 K 棒，或是在第一支大長紅 K 棒後再次整理，都可以確定這時進場會與大戶的成本價差不多，接下來就是必須確認公司業績，加強投資信心。

因此，立即著手查看同一族群的業績展望或財報是當務之急，只要發現整個族群一同往上轉佳，股價也都陸續表態，通常**進場後都還有 30% 以上的漲幅空間**。

此外，也可以再觀察概念股之間，股價發動是否有漲幅出現落差的趨勢，如果有的公司漲勢太洶湧，來不及進場或持續布局，可以把資金轉向同族群中反應較慢、價位尚低的股票；或是當漲勢停滯時，也可以藉其他概念股的漲勢，減輕原有持股回檔修正的壓力。

台電韌網計畫題材，重電族群股價齊飆

2023 年 11 月後的重電族群就是非常好的例子。亞力（1514）與中興電（1513）在 11 月底的法說會中，都表示未來 3 年訂單無虞，主要大客戶就是台電的韌網計畫，兩家公司的股價隨後拉出長紅並開始往上。

當時士電（1503）與華城（1519）雖然沒有開法說會，但在財報的合約負債項目，都可以看到訂金顯著上升（見右頁圖表 3-3），因此若是看到亞力（1514）與中興電（1513）已經起漲不敢追價，可以從第二刀流聯想到同族群的士電（1503）與華城（1519）。隨後這兩檔股價也如預期開始攀升，整個族群基本面一起變好，就可以在好的技術點位準備接回。

附帶一提，若是有持續關注產業會發現，重電族群在 2023 年底的這波走勢，其實完全複製前一年 2022 年底的局面，同樣是前一年年底先發動，隔年農曆年後起漲，第 2 季中進入休息整理期，所以第二刀流非常強調基本面，同一產業的上下游與互補的同業，業績是否同方向，一旦股價起漲便會形成輪動，不會淪為孤軍（見右頁圖表 3-4）。

摺疊手機新趨勢，軸承三雄輪流賺

我再以 2023 年底摺疊手機族群說明，當時兆利（3548）因為華為大訂單的加持，業績與股價齊攀升，不到 3 個月從 187 元漲至 300 元，漲幅 60％。

圖表 3-3 重電族群 2023 年合約負債數值（單位：千元）

公司／季度	2023年 第1季	2023年 第2季	2023年 第3季	2023年 第4季
士電（1503）	4,674,517	4,821,526	6,249,786	6,579,386
華城（1519）	1,849,873	2,036,336	2,593,780	2,855,544
亞力（1514）	643,411	614,051	629,828	476,650
中興電（1513）	3,734,934	4,817,619	5,099,910	5,510,924

資料來源：公開資訊觀測站。

圖表 3-4 士電（1503）與中興電（1513）股價走勢圖

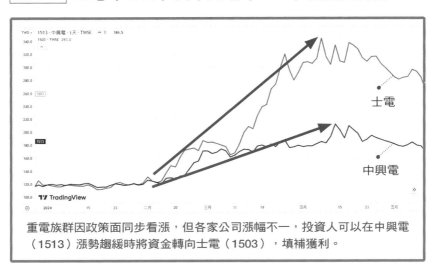

重電族群因政策面同步看漲，但各家公司漲幅不一，投資人可以在中興電（1513）漲勢趨緩時將資金轉向士電（1503），填補獲利。

資料來源：TradingView。

由於手機市場的趨勢是，只要是摺疊型產品需求量上升，不管是哪個陣營都具備想像空間，容易互相比價拉抬，因此縱使當時蘋果的摺疊機型還遙遙無期，但大家認為最有機會幫 iPhone 代工摺疊機軸承的新日興（3376）未來必然受惠，這樣的期待氣氛推升股價先行，新日興（3376）在盤整 2 個月後，即在 2024 年 1 月下旬起漲，一個半月時間從 130 元漲至 236 元，漲幅超過 8 成。

摺疊三雄新日興（3376）、兆利（3548）及富世達（6805）中，每當有其中一支看似要回檔，另外兩家的股價就會上漲，抵銷下跌悲觀氣氛，因此當兆利（3548）在 2024 年第 2 季出現回檔時，新日興（3376）即小幅上漲，正是第二刀流的主張：可用同族群概念股填補（見右頁圖表 3-5）。

「新青安」帶動營建族群，2025 年續漲

另一個族群連動的例子是營建類股。2020 年時房市大熱、預售屋成交量大增，許多建商在當時大賣房子，到 2023 年底至 2024 年，陸續開始交屋並認列營收。我約在 2023 年 8 月時，用鑽豹評鑑查看第 2 季財報，發現有多檔營建股表現亮眼，包括國建（2501）、皇昌（2543）、興富發（2542）、勤美（1532）、潤隆（1808）等。

接著 11 月陸續公布各營建股第 3 季財報後，我再篩出冠德（2520）、聯上發（2537）、櫻花建（2539）、新潤（6186）、

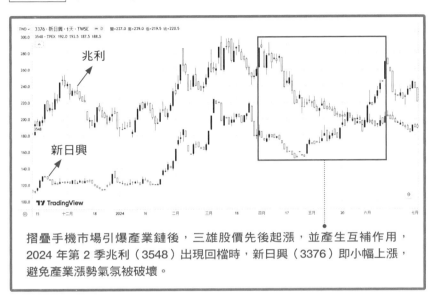

圖表 3-5　新日興（3376）及兆利（3548）股價走勢圖

摺疊手機市場引爆產業鏈後，三雄股價先後起漲，並產生互補作用，
2024 年第 2 季兆利（3548）出現回檔時，新日興（3376）即小幅上漲，
避免產業漲勢氣氛被破壞。

資料來源：TradingView。

富裔（6264）等值得關注的公司，同時也發現，營建股族群的股
價已蠢蠢欲動。

　　其實股市中會關注營建股的人少之又少，因為營建業就是蓋
房子，然後認列獲利，主要跟隨景氣循環及房市好壞，較少新趨
勢或新題材帶動。而且每家建商蓋房子、交屋認列的時間都不太
一樣，因此通常是各漲各的，很少出現族群效應。

　　不過政府在 2023 年 8 月推出「青年安心成家購屋優惠貸款
精進方案」（簡稱新青安），以及台積電（2330）南向擴產，帶
動中南部房地產起飛，讓營建族群開始有題材可以發揮，加上

波段的紀律

前面所說的，2020 年大量賣出的房子，在 2023～2024 年開始獲利，我便從老牌建商國建（2501）開始追蹤。

國建（2501）為臺灣第一間掛牌上市的建商，歷史悠久、風評優良，2023 年順利拿到 3 個建案的使用執照，2024 年開始陸續交屋，獲利向上，預估 2024～2025 年 EPS 皆能有 2 元起跳。尤其 2023 年 11 月股價還在 15 元上下，對比淨值超過 20 元，在建案逐步認列、獲利啟動向上的循環之下，股價逐漸貼近淨值並非難事，是一檔進可攻、退可守的標的。

接著我開始研究個別營建股的推案及認列狀況，發現 2024 年是勤美（1532）、冠德（2520）及聯上發（2537）的認列爆發期，比如勤美（1532）的百億大案「勤美之森」及量體較小的「璞真榮華」，都將於 2024 年第 2 季陸續交屋認列，營收將很快反應在第 2 季，而且是創下單季歷史新高（見右頁圖表 3-6）。

冠德（2520）同樣也是 2024 年 4 月有百億大案「冠德心天匯」交屋入帳，預估第 2 季營收也有機會大爆發；聯上發（2537）在 2023 年底手上可售成屋約 20 億元，加上 2024 年預計交屋認列的「聯上淳」及「聯上拾玉」合計達 18.3 億元，2024 年全年營收可望達 30～40 億元，創下歷史新高勢在必行。

我依據建案認列時程，將營建股布局重心聚焦在這三檔，同時也持續追蹤研究其他營建股，並把時間往後推移，找出遠雄（5522）、興富發（2542）及富旺（6219），將在 2024 年底後有一波認列營收熱潮。

營建類股股價走勢圖——冠德（2520）、勤美
（1532）及聯上發（2537）

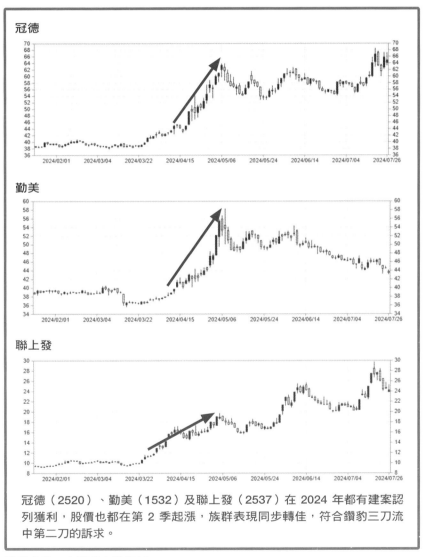

冠德（2520）、勤美（1532）及聯上發（2537）在 2024 年都有建案認
列獲利，股價也都在第 2 季起漲，族群表現同步轉佳，符合鑽豹三刀流
中第二刀的訴求。

資料來源：台灣股市資訊網。

波段的紀律

其中遠雄（5522）2024～2026 年的推案已銷售比例超過 9 成，2024 年總銷 230～240 億元，2025 年幾乎翻倍至 430～440 億元，2026 年則約為 350～360 億元，預估 2025～2026 年 EPS 都將繳出 10 元上下的成績，現階段只待完工，然後交屋認列入帳而已。

另外一檔興富發（2542），除了商辦採取先建後售的做法，住宅同樣已銷售近 9 成，只等著完工交屋認列，在經歷 2023～2024 年空窗期後，預估 2024 年的 EPS 將顯著回升至 3.5～4 元；而 2025 年開始入帳大爆發後，EPS 有希望再翻倍，上看 7～8 元。2026～2027 年更持續成長，EPS 應能挑戰一個股本以上，沒有太大問題，獲利能見度可說是領先群雄，未來 3 年都無虞。

富旺（6219）則是 2024 年下半年將認列「協奏曲」、「心海城」、「微美居」等案，預計入帳金額達 39 億元，全年營收將達 50 億元，創下歷史新高；2025 年後預估認列案量將持續成長，且房價比較早之前的預估更高，推案總銷金額將會上修，預估 2025 年及 2026 年的營收都將上看 70 億元。

從上述各檔的營收表現及股價反應，可以看出營建類股在 2024 年開始噴發，即便有些個股的漲勢在一段時間後出現疲軟，但也有其他同業持續上揚，仍有空間在類股之間調配資金，迎接之後的獲利（見右頁圖表 3-7）。

最後以二刀流來觀察目前（2024 年 6 月）的市況，會發現快時尚成衣業龍頭聚陽（1477）及儒鴻（1476），及電子族群中

圖表 3-7 營建類股股價走勢圖──遠雄（5522）、興富發（2542）及富旺（6219）

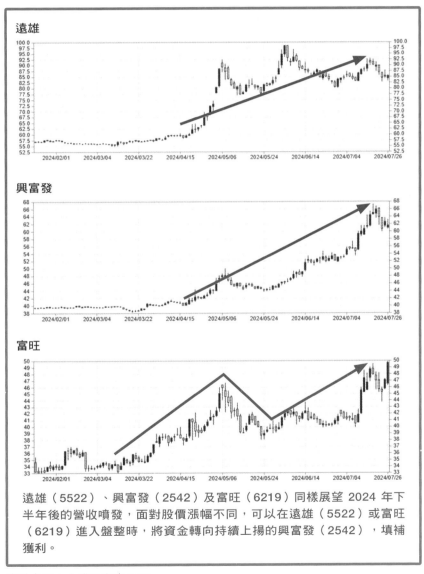

遠雄（5522）、興富發（2542）及富旺（6219）同樣展望 2024 年下半年後的營收噴發，面對股價漲幅不同，可以在遠雄（5522）或富旺（6219）進入盤整時，將資金轉向持續上揚的興富發（2542），填補獲利。

資料來源：台灣股市資訊網。

波段的紀律

的蘋概股如大立光（3008），對於下半年的展望都是轉佳，這時
就可以關注同族群中的相關供應鏈，一旦確定基本面一起上修，
就有機會獲利。

3

均線形成黃金交叉，
獲利效率最高

　　經過第一刀確立賺賠比，掌握自己的買進價位與大戶成本相距不遠，以及第二刀從法說會及財報找出族群性標的之後，我們還需要一個符合自己進場邏輯、增加信心的技術指標。

　　很多股票價位可能離底部不遠，但卻是萬年殭屍股，長期無明顯波動，看似獲利空間很大，其實根本賺不到；抑或小散戶即便從基本面選中了優質好公司，但通常缺乏穩定的現金流，難以隨著股價起伏一路攤平下去，這時就必須找到相對有效率的進攻點，才能保持報酬率。也就是抓住整理過後開始突破區間出量，或是大漲後回檔至關鍵均線止穩，技術指標同時開始翻正的價位，因為這樣後續上漲的機率比盤整時更高。

　　因此我整理了一些技術面當作進場指標，成為我三刀流中的第三刀，包括：

　　「面」，長期參考 MACD（Moving Average Convergence

投資小百科

MACD，平滑異同移動平均線

　　MACD 是利用不同天數的長短期均線變化，來觀察股價走勢的一種指標，由快線（也稱為 DIF 線，是短期均線與長期均線的相差值）、慢線（MACD 過去一段時間的平均值）及 MACD 柱狀體（快線與慢線的相差值）所組成。通常快線向上突破慢線形成黃金交叉，代表買進訊號；快線向下貫穿慢線形成死亡交叉，代表賣出訊號。

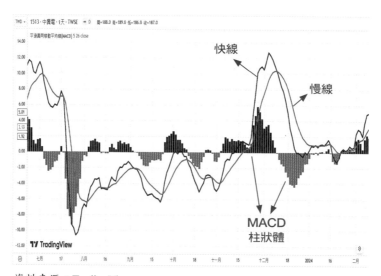

資料來源：TradingView。

Divergence，平滑異同移動平均線）有無翻正。

「線」，中期看個股的乖離率是否翻多。

「點」，短期則是搭配均線與股價相對位置點的力量。

即便是基本面優質的公司，也必須在點、線、面這三大面向都符合時進場，效率才會最好。

下面我同樣以重電族群的中興電（1513）為例子（見下頁圖表 3-8），它在 2023 年 11 月 23 日這天，短期乖離率平均線向上穿過長期乖離率平均線，形成黃金交叉，且當天的乖離率也已經在長短期的平均值之上，我會認定這就是「線」的力量轉佳。而面的力量，只要看到快線（DIF 線）向上突破慢線（MACD 線）出現黃金交叉，MACD 柱狀體開始翻正變成在上面，便是

投資小百科

乖離率

也稱為 BIAS 指標，是用股價與均線的差距來判斷，是否漲太多或跌太多，差距越大，股價回檔的機率越高，計算公式為：

乖離率＝（目前股價－N 日均線）÷N 日均線×100％

波段的紀律

圖表 3-8 中興電（1513）技術指標圖

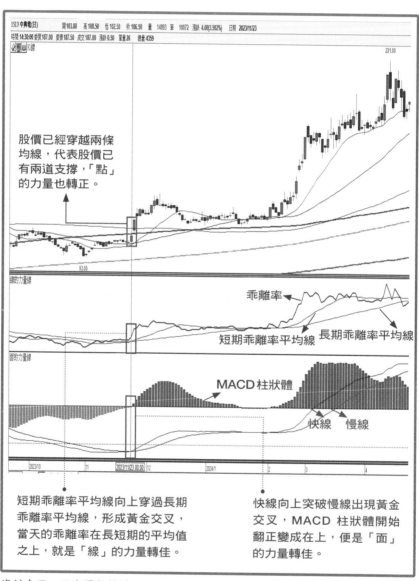

股價已經穿越兩條均線，代表股價已有兩道支撐，「點」的力量也轉正。

乖離率

短期乖離率平均線　長期乖離率平均線

MACD 柱狀體

快線　慢線

短期乖離率平均線向上穿過長期乖離率平均線，形成黃金交叉，當天的乖離率在長短期的平均值之上，就是「線」的力量轉佳。

快線向上突破慢線出現黃金交叉，MACD 柱狀體開始翻正變成在上，便是「面」的力量轉佳。

資料來源：股海羅盤軟體。

「面」的力量轉佳。

當這兩個指標有其中一項轉佳後，我會再確認日 K 線圖，股價是否開始穿越均線，像是中興電已經穿越兩條均線，代表股價已有兩道支撐，表示「點」的力量也轉正。順帶一提，此時若各條均線呈現多頭排列越明顯越好，也就是越短期的均線要在越上面。

當關注一檔個股時，我會希望它的點、線、面指標都在近期轉佳，這不是絕對標準，但越符合這樣的技術型態，越是市場上技術面大戶喜愛的股票，才會吸引更多資金共襄盛舉。

三刀流中的第一刀和第二刀是我最主要的判斷，第三刀通常是加強進場信心的助力，當然如果一檔股票的三刀都符合，通常我持有的時間會加大，目標價也比較敢設得更遠。

4

布局、加碼、出場，
我這樣判斷

　　在前面章節談完選股邏輯與進場方法後，接下來最重要的，就是決定進出場時間點。由於參加過證券公司的海龜交易培訓，又曾在期貨自營部任職，「順勢交易」的概念已經深深刻在我的骨子裡，所以用基本面挑出好股票後，我會轉以技術面訊號布局、加碼及出場。

　　海龜交易培訓最早是國外的一個大型實驗，為了驗證「賺錢的交易員可以經由後天訓練產生」，主導者藉由將交易系統交付給培訓生，通過重重選拔，最終培養出能實戰的交易員。後來國內大型金控亦仿效類似做法，也取得了不錯的成果，我當時就是國內海龜培訓的操盤手之一。

　　其實最早的海龜交易非常簡單，即是在價格創新高後買進、創新低則賣出，交易員跟著價格突破方向操作，屬於追高殺低、追逐動能的交易系統。近年隨著市場結構改變，最初的手法已經失效，不過「在價格趨勢向上時找點位買進、價格趨勢向下時找

機會賣出」的順勢交易，依舊是非常有效的概念。而我現在的操作手法，就是這類型交易的延伸，主要參考 K 棒、均線、成交量作為依據。

進場三條件：回檔至均線、價格轉強、成交量放大

均線的全名是移動平均線（Moving Average，MA），是過去一段時間市場的平均成交價格，有日線、5 日線（亦稱週線）、10 日線（亦稱雙週線）、20 日線（亦稱月線）、60 日線（亦稱季線）及 240 日線（亦稱年線）。

我會把均線看成是一段時間買進者的平均成本，若是一檔個股的收盤價靠近均線，代表現在買進的持倉成本可以與多數人接近，例如，買進一檔價格靠近 240 日線的個股，持股成本會和過去 240 日買進者相近。

當選出看好的股票後，我會盡量等待股價回到中長期均線附近，如 20 日線或 60 日線，又價格走勢轉強、成交量放大時進場布局，**金額大致為資金**（打算投入這檔股票的資金，非總資金）**的 1/5 至 1/3 左右**，若對個股後續業績有信心，有時也會加大到 1/2。這時因為占總投資金額比例較小，停損點可以設置得比較寬鬆，通常會以回檔時的區間低點為防守點。

我認為，相較於在價格創新高突破時買進，等股價拉回到均線附近再進場，可以壓低成本。而分批買進的原因在於，若股價

在均線盤整很久，由於沒有一次押上全部資金，便不至於喪失資金運用的效率，且布局後還能提醒自己關心基本面的變化，也能明確感受市場多空氛圍。

　　我在 2023 年 12 月底，元太（8069）回檔至 60 日線附近、帶量上攻時布局，出場點設置在 12 月 22 日這支長紅 K 棒的最低點，但在布局後股價陷入盤整，到 2024 年 1 月底才出現明顯漲幅。第一次布局股價未拉出漲勢、進攻失敗後，我在 1 月中旬，股價第二次觸及 60 日線時再進攻，股價在 1 月 26 日帶出成交量後開始上漲，之後一路漲到 258 元。之後因庫存去化比預期

 圖表 3-9 元太（8069）股價走勢圖

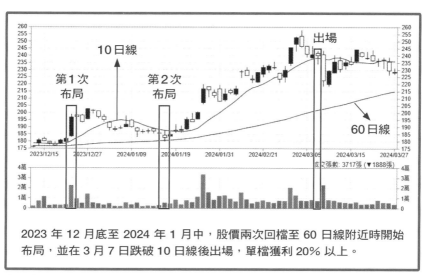

2023 年 12 月底至 2024 年 1 月中，股價兩次回檔至 60 日線附近時開始布局，並在 3 月 7 日跌破 10 日線後出場，單檔獲利 20% 以上。

資料來源：台灣股市資訊網。

進度慢,導致股價回檔跌破 10 日線,我也在此出場獲利了結。以短線來看,權指股 1 季能有 20% 以上漲幅,已是相當不錯的成績(見上頁圖表 3-9)。

出現帶量紅 K 且創波段新高,加碼!

進場布局後,接下來便要觀察市場有無出現進一步訊號,我通常會等待帶量紅 K 棒出現,且股價進一步表態時才加碼。

至於何謂表態?我認為,若帶量紅 K 棒發生在股價創波段新高處,或是 K 線型態出現突破長期整理區、帶狀杯柄(見右頁說明)時,往往是加碼的最好時間點。只要個股浮現上述技術面訊號,我就會大膽把剩下的資金全部押上,並把加碼部位的停損點,設置在長紅 K 棒的最低價位置。

舉例說明,假設開盤價是 100 元、收盤價是 110 元,盤中有下跌到 96 元,這支紅 K 棒會呈現 100 元至 110元 的實體部分,及 100 元至 96 元的下影線,日內高低點超過 10%,來到 14%(110-96=14),這時我通常會防守在 100 元位置,也就是實體部分的最低點。但若是這根 K 棒一樣開盤價為 100 元,日內低點為 96 元,但收盤在 104 元,這樣高低點不到 10%(104-96=8),我會把防守點設下影線裡的價位。

影響個股出現帶量長紅 K 棒的因素很多,有時單純是籌碼與技術面因素,若同時搭配個股發布基本面利多,例如:營收大幅成長、法說會釋出樂觀展望、單月自結獲利亮眼等,通常代表

市場認同個股基本面題材，就會更有信心加碼。

　　有些投資人**遇到長紅 K 棒**反而**不敢進場，怕追價在高點**，這種情況我會建議，**可以考慮降低布局的資金比重**。另外必須

帶狀杯柄型態

　　股價出現兩波段漲勢，第一段從高點下跌至底部後反彈，至起跌時的價位附近後，再出現跌入整理，但第二段的跌幅較小、時間較短，整體型態就像是咖啡杯與杯柄的形狀。

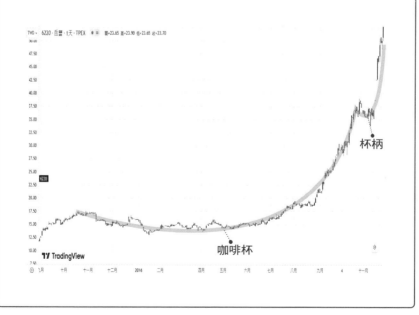

提醒，很多強勢股在出現長紅 K 棒後，就會不回檔、一路向上攻，但因為我在選股階段已經設下重重條件增加勝率，所以會勇於追價，並做好停損。

值得一提的是，很多時候，買進點也可能是上一波進場的人，波段抱股的加碼點，至於究竟是新進場還是加碼，取決於每次買進點之間股價是否有比較大的回檔，導致上一波的買進部位抱不住。例如，上漲 50% 後又回檔了 40%，這樣的跌幅，就算原本獲利目標設在 100% 的人也會先出場觀望，等待下一個買進點。

以新日興（3376）為例（見右頁圖表 3-10）。它在長達兩個月的量縮整理區間後，於 2023 年 10 月 17 日出現帶量紅 K 棒，之後股價上漲並再次進入盤整，直到 2024 年 1 月 25 日才再出現帶量紅 K。對於以題材趨勢做波段操作的投資人，可能在第一支帶量紅 K 棒時就已進場布局，隔年 1 月底的第二次出現紅 K 棒時，因為原部位還續抱，再加上有新的基本面利多，便會在此時再加碼。

基本面變異，提前出場

至於出場時機，則有三種模式，第一種是只要沒有觸及停損點，就耐心等待目標價到來；第二種是出現帶量黑 K，且股價跌破均線後 3～5 日都未回漲；第三種是公布利多消息後股價反而下跌。

圖表 3-10　新日興（3376）股價走勢圖

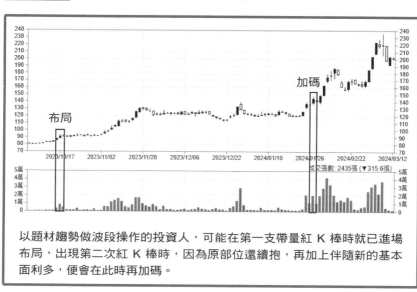

以題材趨勢做波段操作的投資人，可能在第一支帶量紅 K 棒時就已進場布局，出現第二次紅 K 棒時，因為原部位還續抱，再加上伴隨新的基本面利多，便會在此時再加碼。

資料來源：台灣股市資訊網。

1. 未觸發停損條件，就耐心等待目標價

由於選股時是以本益比出發，所以我在進場前會參考法說會、研究券商報告等資訊，自行推算個股較為合理的目標價，也會在目標價與現今價格差異超過 30～50% 時才布局。

在這個基礎下，只要個股基本面沒有出現異常變動，股價也沒有跌破預設的停損點，我就會持續等待目標價到來，不隨便出場。雖然也常因此遇到帳上賺了 10～20%，最後卻打平出場的情況，但我會把這種回吐過程視為必然現象，因為想要賺比較中、長波段的獲利，就要忍受短期震盪、獲利回吐，若想把短、

中、長的獲利都收進口袋，往往三種都賺不到，也會打亂操作的節奏。

　　而如果股價已經走了 30～50%，這時即使波段目標價是 100%，也應該要開始設定移動停利，比如原本設定 100 元進場、10% 停損，這時報酬率已達到 30～50%，如果回檔到獲利 10% 附近，就應該停利出場，最多也只能防守到 100 元，也就是不賺不賠，否則會大幅影響投資心情。

2. 帶量黑 K 棒跌破均線，5 日都不回漲

　　對於一般投資大眾而言，透過上一章的質化與量化指標，基本上就有機會找出市場題材股，但是要能夠準確預估個股的目標價，確實有些許難度，因此我也會參考一些技術面訊號。

　　由於臺灣短期操作的投資人偏好觀察 5 日線及 10 日線，並且以跌破 5 日線、10 日線後作為停利點的人不少，所以若是股價短線以連續紅 K 棒上漲後，出現了帶量黑 K 棒跌破 5 日或 10 日線，又加上股價約 3～5 日都站不回均線，通常代表有部分資金已獲利了結，這時就是考慮減碼或出場的時機點（見右頁圖表 3-11）。

3. 公布利多反而股價下跌

　　除了上述兩種出場方式，還有一種狀況我會提前出場，就是當個股發布基本面事件利多（例如：營收大幅成長、法說會釋出

天鈺（4961）股價走勢圖

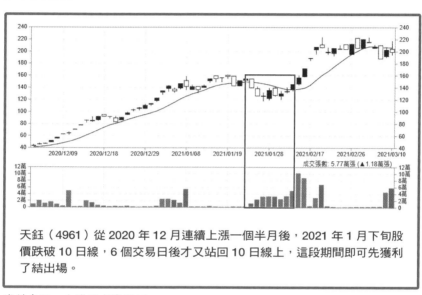

天鈺（4961）從 2020 年 12 月連續上漲一個半月後，2021 年 1 月下旬股價跌破 10 日線，6 個交易日後才又站回 10 日線上，這段期間即可先獲利了結出場。

資料來源：台灣股市資訊網。

樂觀展望、單月自結獲利亮眼），股價卻反向下跌時。這種現象通常表示，市場對個股的基本面題材有疑慮，也就是所謂的利多出盡，出現這類訊號時我多少會減碼一些，並重新檢視對基本面的看法有無錯誤。

從選股到出場實戰示範：尚凡（5278）

在前面章節「大猩猩選股」的新商業模式內容中，我提到曾在 2018 年底時關注尚凡（5278）這一檔股票，發現直播平臺的「斗內」運作模式能讓公司 EPS 快速成長，加上研發的新產品

也將開花結果，公司產品結構出現轉變。

　　有了這些質化訊號之後，我再拉出財報數字研究，發現尚凡（5278）自 2017 年第 3 季開始由虧轉盈，隨後不僅每月營收都出現雙位數的年成長，每一季 EPS 也不斷向上，量化訊號也出現明顯變化。

　　2018 年因公司基本面發生改變，轉入直播商機帶動營收與獲利轉強，股價從 3 月起漲後，在 6 月第一次回到 60 日線附近，我在此時陸續布局，由於這一檔股票的交易量少，我直到 7 月底才把想配置的部位全數入手。

圖表 3-12 尚凡（5278）股價走勢圖

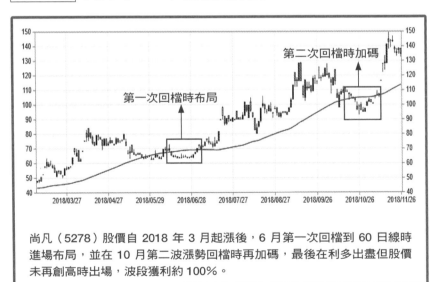

尚凡（5278）股價自 2018 年 3 月起漲後，6 月第一次回檔到 60 日線時進場布局，並在 10 月第二波漲勢回檔時再加碼，最後在利多出盡但股價未再創高時出場，波段獲利約 100%。

資料來源：台灣股市資訊網。

　　10 月時，尚凡（5278）股價回檔至 60 日線附近止跌，我開始小幅加碼，此後股價逐漸轉強，並在 11 月 15 日突破波段新高，此時我將加碼的剩餘 1/3 資金全部投入。

　　之後我一路抱著尚凡（5278）直到 2019 年 3 月中旬，3 月 19 日尚凡（5278）舉辦鄉民法說會，聲勢與媒體關注度非常高，但股價卻未再創新高，讓我決定全數出場，波段獲利約 100％。

雷老闆的波段投資金律

- 最好的買點不是低點，而是主力進場保護你的「相對低點」。

- 整個族群一同往上轉佳，此時買進還有 30％ 以上的漲幅空間。

- 進場三條件：回檔至均線、價格轉強、成交量放大。

- 加碼二條件：出現帶量紅 K 且波段創新高！

- 該出場：出現帶量黑 K、股價跌破均線後 3～5 日都未回漲；公布利多股價反跌。

- 該減碼：市場消息面顯示個股會大漲，法說會保守得不合理。

- 賠 10％ 就停損，你才能永遠活在市場上。

Chapter

4

我的貴人運，
從一輛賓士車開始

1

市場再糟，絕不空手

　　所謂「貴人運」，並不是單純靠運氣，隨機等貴人自己上門。對我而言，應該反過來說是「運人貴」，也就是能被人運用才可貴，也才會有貴人願意相挺，兩者相輔相成。

　　我在任職法人業務時，購置了一輛賓士轎車，作為接送客戶之用。因為客戶知道有舒適房車可坐，就會捨棄高鐵奔波，而我也才有機會藉由親自接送客戶拜訪上市櫃公司，近距離獲得與投資前輩高手的獨處學習機會。一趟車程來回幾個小時，可以不斷吸收前輩的經驗與同行資訊，這價值無法用金錢量化。有時一次多位高手同車，還可以相互對照他們的不同角度及看法，這也造就我日後對各種操作派別都能沒有偏見，因為我知道他們的投資部位確實都大賺。

手上有股票，才賺得到反彈的獲利

　　我從投資前輩身上偷學，其實早在剛從研究所畢業就開始

波段的紀律

了，身為中興大學財務金融所第 10 屆的畢業生，雖然剛出社會時覺得校友少得可憐，但藉著成立臺北中興財金系友會、出任總幹事的機會，我與各屆學長姐、學弟妹建立起了連結，並經由他們認識更多投資高手。無論是在成立系友會，還是擔任法人業務時期，都有很多前輩影響我甚深，如今我也希望與大家分享，他們教會我的概念。

首先是同樣畢業於中興財金所的大學長栽培哥，他是教會我水位比選股更重要的人，因為：有行情、沒配置資金，賺不了錢；行情下跌、分配的資金太高，就算選股再厲害，也一樣賺不到。因此養成我一定優先考量水位配置，其次才是選股的決定順序，如果對公司沒有足夠的信心，單檔重倉也絕不長時間超過 30%。而且，資金多寡都不影響配置的重要性，**就算手裡只有 10 萬元，都必須仔細規畫，當成手上有 1,000 萬元在分配。**

這個原則的威力，讓我印象深刻的是 2022 年台股大空頭時期，從年初的 18,619.61 點，直落到年末跌破 13,000 點，但我們並未因此不進場，手上始終都有 50% 左右的多單部位，專注尋找業績成長的公司。當時我找到工業電腦中營收展望大增的虹堡（5258），買進水位大約 15% 左右，2022 年 5 月時股價從 35 元左右一路上漲至 86 元，最後約莫在 70 元附近陸續出場。

隨後大盤在 2022 年第 3 季底繼續走跌，我們再大幅下降部位至 3 成左右，但仍持續尋找有業績的個股。當時大盤在成交量長期不足 3,000 億元後，終於在 11 月 11 日出現 3,354 億元的

成交大量，我們開始加大水位。由於早在 8 月分券商舉辦儲能座談時就留意到綠電概念股，便陸續買進中興電（1513）、天宇（8171）、盛達（3027）等股票，2023 年第 1 季出場時，都有 60～100% 的報酬率。

　　這位大前輩的投資慣性是，一定保留至少 40～50% 的資金在股市中，常態則是 70% 的水位分散在多檔股票上。他的心法是：我們永遠不知道絕對低點在哪，如果手上沒有股票，很難在大盤反轉時享受獲利。也因為他精準的水位與投資組合配置，可以在 2022 空頭年未使用槓桿下，他的報酬率仍超過 20%，這也讓我養成就算行情再差，也一定保持至少 3 成資金在持股上。

　　其實不僅是他，我在任職法人業務期間，所見識到獲利豐碩的波段投資大戶們，幾乎沒有人是以手上零持股來迎接大盤回檔。2020 年就是最好的例子，記得大盤開始反彈至九千多點時，大家都認為會再回檔，不相信大盤會過萬點，因為已經被過去的行情制約。這段期間，很多散戶都是空手看著大盤走勢一路上漲至 13,000 點，過去天花板的 10,000 點變成了地板價，不僅等不到低檔布局，還因為手中沒有持股，也賺不到這波漲勢（見下頁圖表 4-1）。

　　這些投資高手讓我認知到，股海中**好的航海者，是要訓練能在暴風雨中航行的技術，而不是妄想得到能避開每次暴風雨（崩盤）的運氣。**

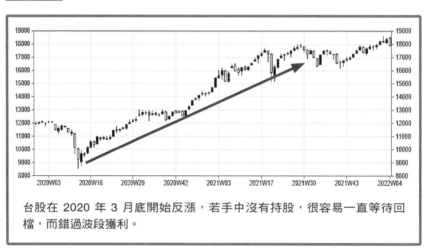

圖表 4-1　2020 年台股大盤走勢圖

台股在 2020 年 3 月底開始反漲，若手中沒有持股，很容易一直等待回檔，而錯過波段獲利。

資料來源：台灣股市資訊網。

同族群至少關注 3 家，才抓得到資金走向

此外，跟著栽培哥拜訪公司，一定是同族群的上中下游相關供應鏈一起拜訪，水平的競爭對手也一網打擊，因此常能領先很多同業找到新的趨勢。

像是 2017 年初我們鎖定當時乏人問津的 PCB 產業，拜訪的第一家企業是華通（2313），在若大的會議室裡只有公司發言人和我們，發言人對我們為何造訪起初還有些疑惑，但隨後也非常詳細的說明了整個產業與 PCB 的發展。

當時是手機多鏡頭趨勢正要興起的年代，華通（2313）不僅取得蘋果大單，也與華為合作支撐淡季的營收，由於我們是

在 PCB 產業崛起之前拜訪，才能得到發言人鉅細靡遺的產業知識，之後更在我們的懇切請教之下，透露了可以再拜訪同業的欣興（3037）、景碩（3189）、相互（6407）、燿華（2367），上游的尖點（8021）、台光電（2383）、金居（8358）。

　　這次的拜訪經驗也讓我學會，看一家公司一定要至少聯想到

図表 4-2 | 華通（2313）與欣興（3037）股價走勢圖

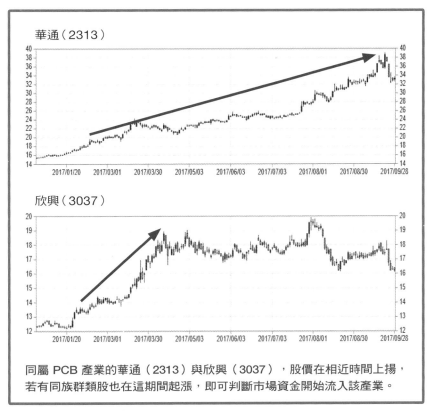

同屬 PCB 產業的華通（2313）與欣興（3037），股價在相近時間上揚，若有同族群類股也在這期間起漲，即可判斷市場資金開始流入該產業。

資料來源：台灣股市資訊網。

波段的紀律

其他三家，這三家可以是供應商、客戶或競爭對手，另外建議大家，可以在看盤軟體中把同族群上下游股票設定在一起，若是發現同族群類股一起上漲，就代表市場資金開始流入（見上頁圖表4-2）。

在栽培哥身上學到的，除了操作技巧，還有一點是與同業的交流態度，對於盤勢和股票，不同人一定會有不同的解讀、看法，要用**空杯理論**想像自己是一個沒有裝東西的空杯子虛心請教，永遠都不要企圖說服對方，否則就算自己的解讀正確，同業也不會再分享手上其他股票的資訊。

投資貴人教我的事

- 面對大盤或部位回檔時，最好的應對方式是勤研究、盡快調整好心態，只要不是崩盤，都是買股票最好的時機。
- 不管市況多差，手上一定要有多單部位，因為空手的心態會希望大盤永遠下跌，遇到行情反轉的買進時機，反而會買不下手。
- 法說會最重要的，不只是公司釋出的消息或展望，還要觀察現場投資人有無買進意願，因為公司講得再好都是其次，重點是投資人要買單，股價才會漲。

2

財報優於市場預期，大膽追

　　我在法人業務工作期間，接送拜訪企業的客戶中，有兩位讓我印象很深，其中一位是泰哥，是營收成長型的投資者，他的持股一向控制在 5 檔左右，並且每檔都會配置 10～15% 以上的資金水位。

　　他只選最有趨勢題材的股票，尤其是成長型的電子股，認為公司對於營收與獲利勾勒出來的夢一定要夠大，這樣本益比才能給得高。並且會持續不斷追蹤手上 5 檔的各種消息變化，只專注基本面的成長性，而不在乎股價已經漲多高，一旦認定未來價值遠高於現在，就會勇於出手。

　　其中道理是，既然是成長型股票，就無須擔心已經漲很多，選定基本面有信心、上下游產業鏈也確認穩定的公司之後，即使股價早已發動又漲得很快，只要財報結果比預期的好，就勇於追價。因為市場會用很粗略的自結 EPS 乘以 12 個月去發酵題材，這時無論股價已經漲了多少，之後都還會再上漲一波。

例如 2021 年時，點序（6485）公告財報 EPS 約 1 元，優於預期（前一年全年僅 0.83 元），若按照研究結果來看，第 1 季營收為全年最低，未來將逐季走揚，全年度 EPS 會大幅上升，有機會超過 10 元，因此季報公布後，即便股價短期出現回檔，仍要在 100～120 元時勇敢買進，套句他的名言：「帶著鋼盔也要上拉。」就算前面已經有再多支紅 K 棒，都阻擋不了他對後市看好的信心（見圖表 4-3）。

轉機股財報通常不佳，用產業前景加強信心

另一位潘總則是轉機股高手，原任職於科技業，後來輾轉成

圖表 4-3 | **點序（6485）股價走勢圖**

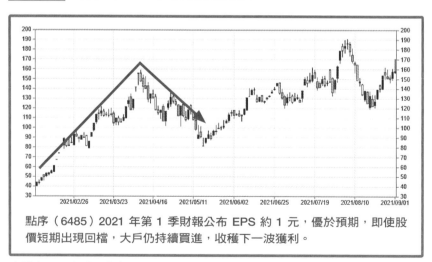

點序（6485）2021 年第 1 季財報公布 EPS 約 1 元，優於預期，即使股價短期出現回檔，大戶仍持續買進，收穫下一波獲利。

資料來源：台灣股市資訊網。

為操盤人。他在拜訪公司時，永遠只帶一本精美的筆記本，但對於各公司的了解程度，卻遠超過大多數猛敲筆電的研究員。

　　潘總選擇拜訪的公司，股價通常不會超過 100 元，比如早期的奇力新（2456，已於 2022 年 1 月 5 日併入國巨〔2327〕後終止上市）、光聯（5315）、泰鼎-KY（4927）。以泰鼎-KY（4927）這一檔，他在 2021 年第 3 季股價 65 元買進，到 2022 年第 1 季股價從 138 元回檔後，在 100～120 元之間陸續出場，用中低價位股創造高獲利（見圖表 4-4）。

　　他喜歡一對一與公司細聊展望，善於從公司透露出的各種訊息中，領先市場發現對方的轉機，並且確認都有安全期間，即是

圖表 4-4 泰鼎-KY（4927）股價走勢圖

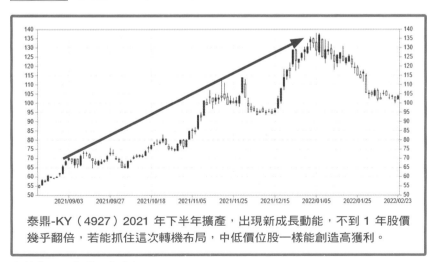

泰鼎-KY（4927）2021 年下半年擴產，出現新成長動能，不到 1 年股價幾乎翻倍，若能抓住這次轉機布局，中低價位股一樣能創造高獲利。

資料來源：台灣股市資訊網。

波段的紀律

從拜訪公司到股價噴出之間,都有半個月以上的時間,可以慢慢購入股票。

比如 2015 年的光聯(5315),他發現公司主事者換人,新上任者透過自己的管道幫公司帶入新的產業客戶,同時還大刀闊斧調整營業費用。這些發展都需要時間醞釀,不會立刻顯現在營收上,但他已從拜訪公司重大訊息或新聞報導中,挖掘到公司營運狀況在改變。這些事件反應在股價上,便是光聯(5315)從 2015 年中 14 元,一路上漲到 2016 年年初 36.45 元,他之後於股價回檔後陸續在 30 元附近出場,若以平均 30 元獲利了結來計算,報酬率達 114%(見圖表 4-5)。

圖表 4-5 光聯(5315)股價走勢圖

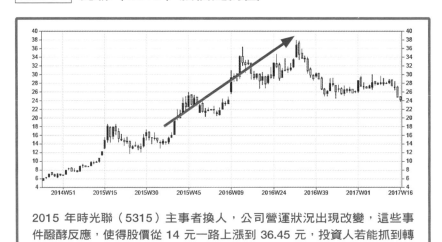

2015 年時光聯(5315)主事者換人,公司營運狀況出現改變,這些事件醞釀反應,使得股價從 14 元一路上漲到 36.45 元,投資人若能抓到轉機,就有機會獲利翻倍。

資料來源:台灣股市資訊網。

潘總的投資邏輯是尋找轉機股，而且有一套獨特的衡量方法，即是會把投資標的分成 A、B 兩組，A 組為已經買進持有的標的，分數都在 80 分以上，B 組是在拜訪時發現質變訊號、放入股池觀察的優質公司，兩組各有約 10 檔股票。但就算 B 組出現達到 85 分的公司，也不會就賣出 A 組裡的公司，避免顧此失彼。而買入標的後，會用 1～2 季以上的時間等待公司營運轉佳、帶動股價上漲，只有在 B 組出現 95 分以上的超級優質股時，才會替換掉 A 組成員，但會把汰換下來的公司留在股池中繼續追蹤。

這個操作手法影響我非常深，每當鑽豹評鑑出現分數不夠高，通常都是發生在轉機股身上，我就會用潘總這套方法，一方面加強參考產業趨勢前景來加強買入信心，另方面在重壓趨勢股後也不太會換股，無形中也大幅減少了交易成本。

法說會怎麼聽？說法不合理時先減碼

從兩位法人客戶身上學到的概念，加上自己的操作經驗累積，可以整理出兩大原則，第一個是**市場消息顯示會大漲的公司**，在**法說會**上通常會表示，對於客戶終端訂單及營收很樂觀，**若是說法保守得不合理，最好先減碼或賣出部位**。或是可以觀察公開資訊，公司是否有送件申請發行可轉債或公司債、現金增資、私募增資等，若是有，那麼短期股價就不能有大幅波動，避免被處置而影響送件進度，這時公司便會短期壓抑股價。

波段的紀律

　　另一個原則是，股票可以因為已經到達設定的停損點而賣出停損，但如果股價是**在整理期**，還沒觸碰停損點，此時要**觀察市場資金是否喜歡相關類股的題材，如果都沒有這家公司或產業的相關報導，外資法人也都不買單**，表示這檔股票已經不是市場關注主流，若再加上營運短期也無太大變化，代表未來也不在發展趨勢上，就應該出場。

投資貴人教我的事

- 如果財報公布結果大幅優於市場預期，便可以與市場一起追價，不用害怕後勢下滑。
- 集中投資在自己熟悉的標的，在正常行情下，一檔股票至少要布局 10% 的資金水位。若是非常喜歡、看好的公司，而且整個族群的基本面都一起轉佳，這種狀況下則可以提高至 25～30%。
- 任何市場只要出現新的電子技術，都務必先研究了解，因為市場給予這些公司的本益比通常很高，常常高達 30 倍以上，可以先行布局。

3

高檔爆大量，主力跑了嗎？

　　很多散戶都怕股價在高檔時，出現帶上影線的 K 棒，同時成交量突然爆量，會認為那是主力在出貨，要趕快跟著出場。但在我的經驗裡，股價在創近期高點的過程中，很常出現爆量帶上影線 K 棒，甚至跳空，不能因此就認定市場走向，這時該加碼還是減碼，關鍵在於尾盤怎麼收。

股價強勢整理，是加碼時機

　　當股價在高點出現帶上影線 K 棒時，我的關注重點在於「高點」，而不是出大量的上影線。股價攀上高點是好事，代表還有投資人願意追價，當股價逼近前一波的高點附近時，加入市場的投資人本來就會變多，而在股價達到高點的那一天，成交量大增也是正常現象。因此要考量的是，為何還有人願意用更高的價格買進？

　　如果在留下上影線後，收盤在平盤附近，我會認為後續投資

波段的紀律

人繼續攻高的機率很大。所以，遇到這種股價在高點出現帶上影線 K 棒時，我通常會觀察 3～5 天，若是股價撐在 K 棒的上影線處，或是前一日的收盤價附近，代表市場上買方力道足以抗衡賣方力道，股價會再往上。

這裡可以先複習一下鑽豹三刀流的第一刀所說的，股價大漲 10％ 後如果回檔修正，就是進場的時機。這時的回檔通常 2～3％ 就已足夠，若是修正到 10％，技術線型就會呈現黑 K 棒把紅 K 棒給吞噬掉，這種情況下，一般投資人多半想買也不敢買，會想等回到大漲前的價位時才加碼，但這是錯誤的想法。

因為，接下來幾天的回檔，若是股價持續在大漲的那一支紅 K 棒附近價位整理，即是強勢整理，最理想的走勢是，之後幾天的小紅 K 慢慢吃掉上影線，也就是股價慢慢漲至比大漲那支紅 K 棒的最高價還高，這代表每天都有人在高檔買進，賣壓都被吃掉了（見右頁圖表 4-6）。

會出現這種盤勢，是因為股價過高點時，常常是低檔買進者的停利點，認為基本面不足以讓股價過高的人，會陸續獲利了結。但同時卻有更多人看好基本面，認為應該給股價更好的發揮而買進，導致買方力道抵銷掉了賣壓、推升股價，後續就很有機會再走一波行情。

因此遇到這種情況時，短線沒上車的投資人可以建立買進部位，波段操作則可以續抱，或是加碼 1/3～1/2 部位。但如果出現上影線的隔日股價又大幅度下滑，出現黑 K 棒，股價短期內

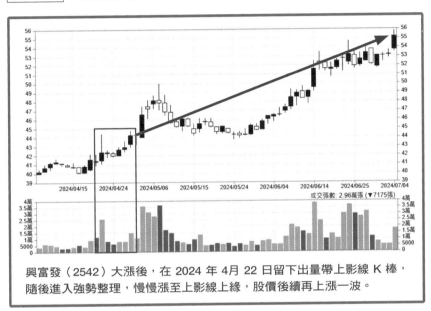

圖表 4-6　興富發（2542）股價走勢圖

興富發（2542）大漲後，在 2024 年 4 月 22 日留下出量帶上影線 K 棒，
隨後進入強勢整理，慢慢漲至上影線上緣，股價後續再上漲一波。

資料來源：台灣股市資訊網。

再上揚的機率則通常很低。

出現帶上影線黑 K 棒，至少減碼 1/3

　　若是股價跳空大漲 7～8％ 或漲停後，盤中垂直殺到平盤以
下，出現爆量帶上影線的實體黑 K 棒，則是最要擔心的情況。
因為代表開盤即在高點，市場氣氛很好，讓很多人追價超過開盤
價，但盤中下挫跌破開盤價，短線客開始停損加速跌勢，進而影
響波段持股人的信心，使得原本買進的人輪流殺出。

波段的紀律

以 AI 概念股所羅門（2359）為例，2024 年 4 月 12 日時出現一支過高上影線黑 K 棒，但成交量還不大（當時處置分盤中）；4 月 21 日時，又再出現一支過高帶上影線實體黑 K 棒，這次成交量大增。股價在這兩支黑 K 棒之後回檔明顯，是因為這些過高的價位即是停利點，也是買進點，關鍵在於當天過高後，股價如果快速拉回，跌到過高點以下，那麼短線上車建立新倉與加碼的人，會一起拋售，遭成賣壓擴大，而沒有賣到追高的散戶，隔天也會繼續掛單賣出（見圖表 4-7）。

圖表 4-7 **所羅門（2359）股價走勢圖**

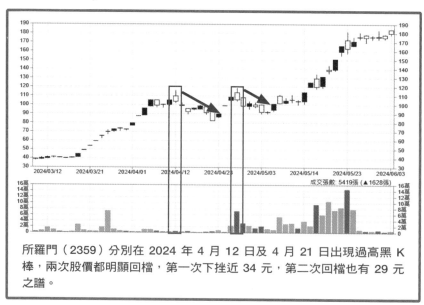

所羅門（2359）分別在 2024 年 4 月 12 日及 4 月 21 日出現過高黑 K 棒，兩次股價都明顯回檔，第一次下挫近 34 元，第二次回檔也有 29 元之譜。

資料來源：台灣股市資訊網。

　　因此如果遇到過高的實體黑 K，或是黑 K 棒帶上影線且成交量爆大量，隔日一開盤股價又繼續往下，甚至跳空下跌，除非認為基本面目標價還有 30～50% 以上的空間，否則一定要停利減碼至少 1/3～1/2。

投資貴人教我的事

- 股價在創近期高點的過程中，很常出現爆量帶上影線 K 棒，甚至跳空，但不能因此就認定市場走向，決定加碼或減碼。

- 遇到股價在高點出現帶上影線 K 棒時，通常會觀察 3～5 天，若是股價撐在 K 棒的上影線處，或是前一日的收盤價附近，代表買方力道足以抗衡賣方力道，股價會再往上，波段操作可以續抱，或是加碼 1/3～1/2 部位。

- 股價跳空大漲後，盤中垂直殺到平盤以下，出現爆量帶上影線的實體黑 K 棒時，代表短線客及波段操作的投資人接連出場，加速跌勢。若隔日開盤股價繼續往下，甚至跳空下跌，一定要減碼至少 1/3～1/2。

4

空頭再現，我用 3 招應對

　　2024 年 7 月，台股靠著兩大權值股台積電（2330）及鴻海（2317）的飆升，指數來到 24,416 點。但隨後便複製了 2023 年第 3 季的走勢，指數在大漲後急速修正，一口氣由 24,416 點回檔至 19,662 點，總共下跌 4,754 點，跌幅 19.4%。台積電（2330）從 1,080 元回跌至 813 元，跌幅 25%，過程中幾乎沒有反彈，許多中小型類股波段跌幅高更達 40～50%，可視為小型股災。

　　關於這波跌勢的起跌原因，市場上有各種說法，但相信大多數的投資人都沒想到的是，修正幅度竟是如此之大。如何在這種大跌的行情中保護好自己，我有幾個做法提供給大家參考。

　　首先回想一下，下跌之前有沒有看出警訊？其實有的。首先是台積電（2330）及鴻海（2317）在 2024 年第 2 季之後，短線漲幅都過大，達到 30～50% 之譜，大盤指數的成長幾乎都是這兩檔所貢獻。此情此景不免令人聯想到，2023 年第 2 季大盤

指數成長，主要也是由幾檔 AI 題材個股帶領，當時資金過度集中，短線一有風吹草動，就會出現人擠人的現象。

再來是大盤的融資金額只增不減，高檔短線籌碼散亂，但投資人毫無警覺；最後一個警訊，是外資從 6 月開始就不停賣超，甚至在 7 月中大盤起跌之後，把今年的買超幅度都賣光了仍不停手，但投資人害怕大盤暴漲會錯過行情，而選擇忽視外資舉動，導致水位滿倉造成重傷。

用美債 ETF 留住現金

在這波重挫行情中，我自己是在 4 月時因台積電（2330）法說不佳，加上大盤利空測底後開始警覺。當時大盤從 4 月 24 日一路上漲，來到 6 月 25 日第 2 次回測 10 日線（第 1 次為 5 月 30 日），我便建議將資金部位下降至 70%，雖然後續反彈看似少賺了一些，但到 7 月中旬第 3 次跌破 10 日線時，反而慶幸已經降低水位，躲過大盤風險（見右頁圖表 4-8）。

此波大盤最凶險之處在於，回測季線與跌破季線後整理平臺，分別在 7 月 23 日及 8 月 1 日有兩次一日反彈，也就是這兩次一日反彈，使得更多人虧損放大，這段期間我也不斷多方請益，學習如何在下跌避險波段可以做得更好。

首先是 7 月 26 日，台股在 7 月 23 日反彈失敗後開低下殺，此時若手中水位還在 7 成以上，應該盡快降至 6 成左右；另外再觀察到，8 月 1 日反彈失敗之後，手上還有持股的應該要有預

防下跌的空方部位。此時現金可以往美債 ETF 投入，因為如果預期降息，長期美債 ETF 的勝率會提高，加上股市風險變大，債券會成為法人資金的集中地；另一方面，持有債券 ETF 比現金更抗通膨，加上美債 ETF 的流動性很好，需要現金時能快速轉換。

圖表 4-8　台股大盤 2024 年 4～8 月走勢圖

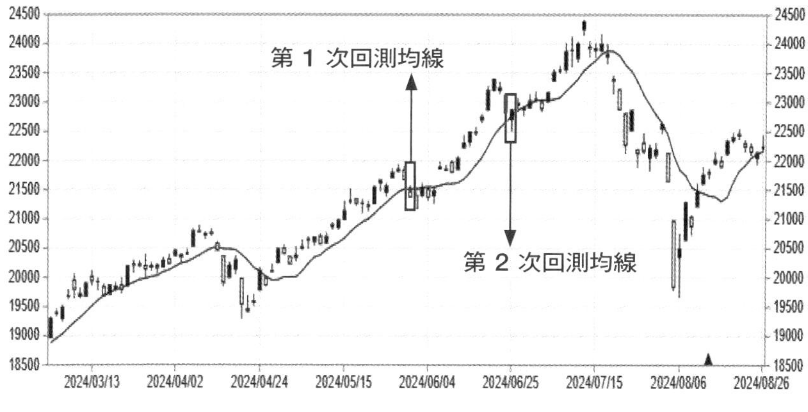

台股 2024 年 4 月時利空測底，隨後一路上漲，我在 6 月 25 日第 2 次回測 10 日線時降低資金部位，雖然少賺了之後的反彈，但也躲過了 7 月中旬的大跌。

資料來源：台灣股市資訊網。

用期貨空單保留股票

如果想更積極的正面迎戰，可以使用第二個方法——期貨空單。

波段的紀律

　　很多人以為這種情況只要小幅做空就好，我必須導正大家這個觀念，大盤已經兩次反彈失敗，就算手中股票的基本面再好，都很難逃過恐慌殺盤，這時如果要避險，空單市值不能只有手上部位的 10～20%，而是必須至少 50% 以上來保護股票。

　　先說明一下市值怎麼算。以大台指（臺股期貨）為例，1 口市值等於 200 元乘以加權指數，若以 7 月 26 日的大盤來看，1 口大台指就是 440 萬元（200 元×22,000 點），如果當時持股市值是 900 萬元左右，可以放空 1 口或 2 口大台指。若是操作小台指（小型臺指期貨），1 口的市值為 50 元乘以加權指數，也就是 110 萬元（50 元×22,000 點），則可以放空多達 8 口。（臺灣期貨交易所於 2024 年 7 月 29 日再推出微型臺指期貨，簡稱微台指，1 口市值為 10 元乘以加權指數。）

　　至於為什麼避險部位的市值要跟持股接近，我們可以想像一下，若反彈失敗大盤續跌，假設一天跌幅 3%，很多中小型類股的跌幅會高達 6～10%，取平均值約 7.5%。以上述持股市值 900 萬元來計算，如果只放空股票市值的 1/4 為 225 萬元，即約為 2 口小台指，這樣空單獲利會是 6.6 萬元（220 萬元×3%），但股票部位可能跌掉了 67.5 萬元（900 萬元×7.5%），合計下來還是虧損 60.9 萬元（67.5 萬元－6.6 萬元），空單避險的幅度非常小。

　　若是將避險市值拉到 2 口大台指 880 萬元，與持股市值相當，同樣大盤下跌 3%，空單獲利就有 26.4 萬元（880 萬元

×3％），對於股票下跌有明顯的保護作用。更不用說 2024 年 8
月 5 日當天台股有 800 檔跌停，期貨市場也跌停，假設手上股票
都跌停，900 萬元市值會損失 90 萬元（跌停板跌幅為 10％），
但因為期貨空單也跌停會獲利 88 萬元，這樣幾乎完全抵銷了股
票的虧損。

　　大多數投資人不習慣完全空手，因為害怕反彈手上都沒有部
位，期貨空單的做法能讓有部位的人相對安心，如果大盤止跌後
發現個股反彈，由於股票的漲跌幅都會大於大盤，也就是假設

圖表 4-9 **臺灣期貨主要商品單位價值**

商品名稱	單位價值
臺股期貨	每點 200 元
小型臺指期貨	每點 50 元
微型臺指期貨	每點 10 元
電子期貨	每點 4,000 元
小型電子期貨	每點 500 元
金融期貨	每點 1,000 元
小型金融期貨	每點 250 元
非金電期貨（按：未含金融電子類股價指數期貨）	每點 100 元
臺灣航運期貨	每點 1,000 元

資料來源：臺灣期貨交易所。

大盤上漲 3%，很多個股可能上漲超過 5%，那麼就算空單有損失，股票獲利也能賺回來，無論大盤上下如何波動，股票部位的損失或獲利幅度都會縮小，持股可以更加安心。

崩盤怎麼搶反彈？小修正找中小型股，大跌就搶權值股

若想搶反彈，可從大盤下跌的兩種不同幅度來區分，第一種是大盤回檔 5～10%、個股回檔 20～30% 時。2024 年 7 月底至 8 月初的兩次「假」反彈（反彈失敗），就是這種情況，專業投資人這時搶反彈的標的不會選擇權值股，因為上漲空間有限，反而會傾向短線有可能超跌的中小型類股，尤其是 OTC 市場（Over-the-Counter，即股票買賣不在證券交易所內進行）的股票。

這是因為若只是多頭的小型修正，反彈時中小型類股股本相對較小，股價會跑得快很多，題材也相對豐富，股價容易再度創高，反觀權值股，本來就已經漲多，加上基本面也未被低估，在大盤高檔回檔幅度不大之下，重回高點也沒有太大誘因讓人抄底買回。

第二種是大盤大跌超過 20%，很多權值股可能跌幅高達 25～30% 以上，中小型類股跌幅也有 30～50%，這時大盤已進入恐慌狀態，相似的時間點是 2024 年 8 月 5 日，台積電（2330）打出跌停價 813 元那一天。當時大盤有 800 檔股票跌

停，在恐慌情緒下已經沒有人理會基本面，但冷靜下來想想，大盤在 24,000 點時股價都太貴，主要權值股都沒有 15 倍本益比可以買進，這時下跌出現跌停大家反而又慌了，就像台積電（2330）剛跌破 1,000 元時大家都想買，等到跌至 800 元又都沒興趣了，投資散戶的通病再次可見一斑。

台積電（2330）從 1,000 元到 800 元，只有短短幾天，基本面並未變差，這時因為權值股跌幅已接近部分中小型類個股，加上大盤下跌近 20%，不再被視為多頭修正，更像是恐慌殺盤，如果政府、中實戶、法人、國際基金經理人等想要穩住大盤情緒，目標絕對不會是名氣相對不大的中小型個股，只有拉住最大型的超跌權值股，才有讓氣氛回穩的意義，因此這時一定要將部分持股換成反彈必漲的台積電（2330）、鴻海（2317）、信驊（5274）等大型權值股票，只要這些止跌，大盤就會回穩（見下頁圖表 4-10）。

其次是各大產業的龍頭股，比如櫃買中心前幾大權值股的元太（8069）、環球晶（6488）、中美晶（5483）；重電的中興電（1513）；AI 族群的廣達（2382）等，這時不要急著去搶櫃買中心的中小型類股，因為加權指數落底後，中小型股票容易出現融資斷頭潮，由於大盤底部通常會比大型權值股慢 1～2 天出現，等到權值股反彈 15～20% 後，此時若大盤回穩，就可以再將資金放到有 EPS 的中型權值股，或是大盤大跌前相對強勢的中小族群。

　　上述這些方法，是我每次遇到大盤近似崩盤時會執行的操作，其中有個重點，即是過程中我絕對不空手，因為都不知道轉折點會在哪裡發生，如果反彈時後手上一張股票都沒有，那麼反彈就毫無意義。

圖表 4-10 台積電（2330）股價及台股大盤走勢圖

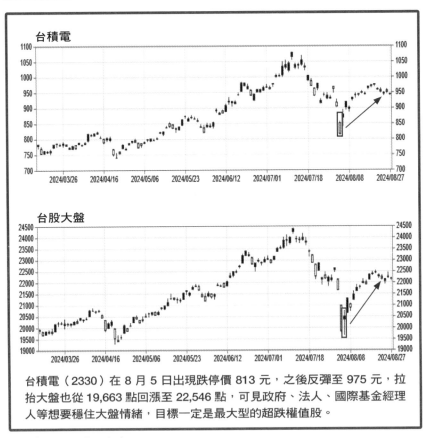

台積電（2330）在 8 月 5 日出現跌停價 813 元，之後反彈至 975 元，拉抬大盤也從 19,663 點回漲至 22,546 點，可見政府、法人、國際基金經理人等想要穩住大盤情緒，目標一定是最大型的超跌權值股。

資料來源：台灣股市資訊網。

5

拜訪公司現場實錄

在新冠疫情剛開始時，我們曾拜訪一間紡織公司，當時口罩正缺貨，對方的新任負責人在說明公司未來發展時，竟然不是專注在本業上，而是信誓旦旦的說要擴增口罩產線，並且認為擴產不會太難，只要有政府認證與生產機臺即可，還給出了很好的獲利藍圖。

我當時也相信口罩商機，投資了不少生產口罩的公司，有本業就是口罩製造的正規軍，也有新加入生產行列的新興軍。但隨著市場「口罩股」的生產量能上升，口罩的實際售價卻逐漸下降，我開始意識到情況不對，因為口罩生產的進入門檻實在太低，口罩產能已被當成飆股一樣炒作，於是我開始獲利了結已經漲多的正規口罩軍。

但對於這家新加入口罩行列的紡織公司，我礙於幾次拜訪後已經有了交情，便一直沒有賣出，等待他們通過口罩產能的認證。但對方多次遞延，錯過了最佳生產時機，使得股價從尚能小

賺，一步步往我的成本價靠近，最後實在無法再等待下去，終於停損出場。如果我一開始就毅然堅持不給對方遞延兩次的機會，應該可以成本平盤脫身，無奈紀律還是敗給了期待感。最終這家仍然做到了正式新增產線生產口罩，隨後股價也漲了上去，但那已是又過了數個月之後的事了。

對於任何一家公司，如果對方當初提出的營收方向或營運計畫有所延宕，最多只能容許遞延一次，因為對經營者而言，這一季經營不順利、須待下一季繼續努力是很正常的事，但對投資人來說，即時的財務數字會立刻影響股價，而且我們不是經營者，**不需要跟著扛公司轉型的風險。**

兩種必須提高警覺的公司

在這麼多年的公司拜訪經驗中，我發現，如果是中南部的中小企業，或借殼上市櫃的公司，前往拜訪時老闆往往已經在跟其他投資人寒暄，那些人常會在訪談過程中「插嘴」，提醒老闆要說什麼，或是一直幫公司說好話。

遇到這種情況我心裡會立刻拉起警報，尤其股價已經漲過一個波段時更要注意，因為已經在場的那些投資人，一看就知道不是碰巧同一時間約訪，很明顯是在引導公司講出他們想讓市場知道的訊息。如果公司正在成長階段，好消息當然多多益善，最怕是公司明明沒有的計畫，卻在主力的壓力下信誓旦旦，幫忙拉抬出貨，因此只要現場有想主導會議的投資人在場，我通常會對公

司的展望大打折扣。

　　另一種會讓我警覺的狀況是，經營者說已經拿到國際大廠的訂單，或是要和某公司合作，這時我都會細審那家公司的過去經歷，以及產品的發展歷程，推敲對方透露的訊息是否可靠。如果過去有營運上的負面新聞，或是合作的客戶知名度不高，甚至只是股本不到十億元的公司，過去經營績效也不佳、流動資金少，又沒有新的財務增資動作，那些營運展望通常未必真實，都是空口說白話，只想炒股價。這樣的經營者因為很了解投資人想聽的是什麼，所以會用這些話術哄騙，遇到這種公司我也通常避之大吉。

工廠和倉庫，隱藏公司業績真相

　　也有不少公司希望我們不只是在會議室裡聊，也能參訪他們的生產基地，實際了解產線的狀況、新設備帶來的效應，或是員工的管理素質。我通常都會欣然前往，因為在參觀過程中，有機會聽到經營者述說自己的成長故事，可以了解對方營運公司的態度，是專注在股價表現，還是實業發展。

　　此外我也常趁機與廠區管理員搭話，問他們近期忙不忙，記得曾有一家軟硬複合板公司的管理員伯伯便說，不知道公司是接到什麼大客戶，生意突然變好，廠區大門已經 10 年沒有這麼多人車頻繁出入過。這就像前文提到的，員工抱怨加班好累一樣，一聽到就要立刻反應：「新聞上說的業績是真的！」

波段的紀律

　　若有機會到倉庫看一看，尤其是傳統製造業，還可以詢問各區貨品分別出給哪些客戶。我曾經拜訪過一家公司，公司代表明明說過很看好某一國家的業績展望，卻發現存放該國家貨品的區域貨堆得滿滿的，我悄悄摸了一下那些貨，看到手指頭上滿是灰塵，心想這不是出貨暢旺該有的庫存狀況，隔天馬上開始出清手頭股票，果不其然，過不了多久就有消息，該公司的海外業績一落千丈。

6

法說會說什麼？
看新聞不如現場聽

　　前文有提到，我們常會從國內大型權值股的法說會判斷產業趨勢，就有投資新手問我，法說會上也有很多記者，他們在現場一拿到公司簡報及財務數字後，馬上就會發出新聞，既然大家很快就能知道績效是否符合預期，為什麼還要大費周章去現場聽？這其中的奧妙，就是我與栽培哥多年來拜訪法說會的體悟。

新聞看不到發言人的口吻、表情

　　首先，記者寫出來的新聞內容，不一定就是公司現場的態度，以台積電（2330）為例，幾乎所有財經媒體都會即時公布發說會的內容，然而，這些記者們是否持有台積電（2330）的股票？或是他們過去對台積電（2330）的印象如何？不僅是記者，外資報告也可能因為各種狀況而有所偏頗，唯有自己親臨現場、親自聽聞，才會知道公司真正的口吻、發言人臉上的表情，以及數據之外的補充說明，這些不見得會被詳細的報導出來，如果總

是單純看新聞來了解法說內容，有時候也會被記者的主觀意識所誤導。

以台積電（2330）在 2024 年 7 月 18 日舉辦的第 3 季法說為例，當時新聞對於法說內容都是正面評價，但股價卻從法說會前一天就開始下跌，並且一路跌到 8 月初出現跌停板，與新聞說法呈現兩極。

若是有去法說會現場就會知道，台積電這次沒有如預期上修廠房設備資本支出，而且面對股價在第 2 季法說之後，已經從低點 740 元上漲到 1,080 元，也沒有大幅上調營收展望，客戶訂單能見度也未提升。另外，現場許多 AI 客戶的問題，台積電（2330）的回覆也沒有上修展望，這些新聞未提到的細節，反而會讓投資人心生疑慮，股價已經漲了快 5 成，但公司基本面變化不大，如何支撐？

從結果來看，台積電（2330）依然是好公司，財報數字也沒問題，但股價會受到短期情緒影響，當法說內容未能優於預期很多，只是符合預期而已，投資人信心是否產生動搖，只有親自參加法說會，才能感受到財務數字以外的溫度。

聆聽法人提問、同業討論，投資功力大增

其次是，法說會最後的提問及散場後的同業討論才是關鍵。一般公司的法說會，多半是由財務長擔任司儀簡報，因為不能提及太多營運展望預測，因此通常是照著簡報稿念，如果現場沒有

人提問，法說會就結束了。

　　這時法人提問就非常重要，因為他們會各種旁敲側擊，希望引導公司給出更多產品組合狀況、新客戶訂單展望、近一個月或近一個季度的營收方向、毛利率結構變化等重要數據。若能在現場聽取這些提問與解說，是增進自己投資功力的大好機會，可以藉由其他法人的問題得知，該專注這間公司的哪些面向，或許是獲利結構調整、新客群發展，抑或沒注意到的合作新聞、併購傳言等，都可以趁提問時趕快記錄下來，對於未來追蹤公司都是很大的助益。

　　最後是法說會結束後，現場會有許多法人留下來交流，甚至圍住經營團隊問問題，如果董事長、總經理在會中較少發言，這時被包圍就很容易透露出營運展望，而這些都不會出現在新聞稿裡（這裡要注意的一點是，通常董事長都偏向樂觀，財務長則會較保守）。

　　真正散場後也常有很多研究員會留下來討論，這時也是吸收資訊的好時機，可以上前請益或站在一旁聆聽，甚至趁機結交人脈，之後便能透過他們了解到，各家公司法說的可靠度有多高，這些也都是只憑新聞稿無法得到的。

如何參加法說會？

　　想跟法人一起聆聽大型法說會內容，可以直接到公開資訊觀測站法說會分頁，輸入上市櫃公司股票名稱或代號，就會跳出最

近一次法說會的簡報與影音檔（見附錄二）。這些都是非常重要的資料，就算是券商研究員也是參考這份資料為主。至於參加實體的法說會，若是有成立投資公司（資本額 50 萬元即可），只要攜帶投資公司法人名片前往，一般不會阻擋。

　　在法說會現場，除了聽取簡報及提問的內容，建議多方認識跟自己意氣相投的投資人，以後遇到法說會旺季時，可以分頭參加、互相支援內容。如果是一般散戶，無法參加法說會現場，有一個替代方案便是參加股東會，這是公司經營階層聆聽小股東問題的時候，一定要把握機會盡量提問。

7

停損 10%，
你才能永遠活在場上

　　經過前面的章節，分享我在基本面及技術面的操作訣竅，基本上對於一般散戶應該已經夠用，也能藉此取得不錯的獲利。若是績效還是非常起伏，有可能是心態上還不夠穩定，接下來的內容就要幫助大家強化操作信心。

　　要避免一檔股票大賠，或是能夠盡量賺到每一波行情，最好的方式就是嚴設停損，就算是基本面看好的公司也一樣。像是台積電（2330）從 2019 年的 208 元，一路漲至 2022 年初逼近 700 元，但遇到 2022 年大空頭，即便獲利還是逐季成長，但市場考量到半導體產業即將進入庫存去化，使得股價回檔超過 40％。這時若只看基本面未即時停損，就很容易對整體資金造成重傷害，所以，**停損保護資金**，其實比追求獲利更重要。

停損 10%，才能永遠活在場上

　　至於應該把停損點設在多少，我的建議是控制在虧損 10％

波段的紀律

以內。我簡單計算給大家看，以總資金 100 元舉例，當虧損
10% 也就是虧損 10 元時，下次交易只要獲利 11%（虧損的 10
元÷剩餘資金 90 元＝0.11＝11%），就能把虧損賺回來，達成
難度並不高。但隨著虧損幅度加大，要用更少的剩餘資金把本金
賺回來，難度也會大幅增加，例如若是大賠超過 50%，那麼下
一次的獲利就必須超過 100%（虧損的 50 元÷剩餘資金 50 元＝
1＝100%），才能夠把虧損賺回來。

　　以台股來說，由於股價波動上下限是 10%，一旦超過 10%
便是漲停板、跌停板，若是一檔股票遇到利空消息而跌停，短線
操作較安全的做法是立刻停損，這樣之後只要獲利約 11%，就
能夠把虧損的資金賺回來，嚴格控制停損，可以避開很多陷阱。

　　若投資人對公司基本面了解更透徹，計畫較中長線的操作，
也可以把停損放大到 20%。因為臺灣的上市櫃公司每月都須公
布營收，只要營收數字稍微不如市場預期，股價很快就會反應、
出現修正，這時若個股的中長線展望還是不錯，在急跌過後也會
立刻回穩。這樣的修正幅度有時會超過 10%，但因為基本面夠
強健，所以不常連續跌停，若對中長線趨勢很有信心，確實可以
稍微提高停損點。

　　關於停損，我仍要再次提醒大家，「投資最重要的是活在市
場上，這樣才有機會在下一次的行情中上車」，若是本金虧損過
大，就難以在後面的行情翻身，千萬別讓自己陷入「看對趨勢行
情，卻沒錢可以進場」的慘況。

圖表 4-11 虧損越多，賺回本金所需的報酬率越高

本金虧損比例	賺回本金所需的報酬率
10%	11%（10÷90＝0.11＝11%）
20%	25%（20÷80＝0.25＝25%）
30%	43%（30÷70＝0.43＝43%）
40%	67%（40÷60＝0.67＝67%）
50%	100%（50÷50＝1＝100%）

資金配置在金額，不在股票張數

有了多年操盤經驗之後，**我深刻認為，持股 20 檔股票已經是一般散戶能夠運作的極限**，而且通常其中會有四、五檔屬於同一族群概念股，可以暫時將之視為一檔 ETF。但我建議較好的持股數量，是單檔持股 8 檔左右，另外再加 1～2 檔同族群組成的自建 ETF，這樣總共 9～10 檔股票，並且將自建 ETF 的金額控制在 30% 以內。

限縮持股公司數量後，我也建議**每檔股票的持股比例**並非越少越好，若是以 100 萬元來操作，**控制在 8～15% 以內會是較好的做法**，這樣可以兼顧風險與穩定性，就算單一股票跌停，對總體資金頂多只是 1.5% 左右的傷害。而最大的好處是，當大盤趨勢偏多頭、市場行情強勁時，手上股票持續輪漲，會讓自己的

心態比較健康，不會因為損益過度來回，導致決策失誤。

只有在特別看好的公司才提高單檔配置比例，但也應控制在25% 以內，且重壓的必備條件是，要有扎實的產業知識或研究作為基礎，也就是對業績趨勢有一定的把握，否則很有可能會在看錯趨勢後心慌，進而導致操作不順。我曾看過不少股市新手為了追求爆富，把資金單壓在一檔個股，這樣做如同直接去賭場賭一把，最後都是大賠出場作收。

還有一個常犯的錯誤，就是每檔都只買一、兩張，這樣資金水位會極度不平均。以總資金 1,000 萬元為例，如果持有一張大立光（3008），投資金額約 275 萬元（按：以 2024 年 6 月 28 日收盤價 2,745 元計算），跌停一次即虧損近 30 萬元；但若是持有一張聯電（2303），股價為 55.7 元（2024 年 6 月 28 日收盤價），必須五、六支漲停板才能把大立光的一支跌停板賺回來。

明明兩檔股票都看好，但只用張數來布局，資金水位其實失衡，較適當的做法應是以資金成數布局，例如兩檔都投入 100 萬元或 200 萬元，所以**配置在各檔持股的資金，成數才是最重要的，而不是張數**。

降息先觀望，電子旺季再加碼

若是問我會如何配置 100 萬元的資金，以 2023 年來說，我定義為盤整震盪年，因為隨時要擔心會有戰爭、通膨、升息等總體經濟事件攪局，所以我會只拿出 50～75% 資金，也就是 50

萬～75 萬元來進場。再回溯到 2020～2021 年，由於是全球大撒幣時期，便會把水位拉高到 9 成。

　　2024 年下半年，台股觸及 24,000 點之後震盪會加大，加上巴黎奧運、聯準會降息與美國總統選局，都是市場的不確定因子，因此我建議從第 4 季開始，持股水位不要超過 75％，可將現金移往長天期的美債 ETF。尤其是聯準會宣布降息後，再退出部分資金、觀望市場較好，因為只要政策宣布下來，很多金融機構都會改變投資部位的配置，此時個股波動會變劇烈。可以等待修正結束，2024 年底到 2025 年初會是新一波作夢行情的開始，到時再拉高投資水位，這是我依照目前市場態勢，及以往產業慣例，所提出的建議。（見圖表 4-12）

圖表 4-12　**2024 年第 4 季至 2025 年第 2 季建議持股水位**

年分	事件	總資金	電子類股水位	傳產類股水位
2024 年第 4 季	美國總統大選之前	75%	35%	40%
	降息	50～70%	25～35%	25～35%
2025 年第 1 季	電子上游作夢行情旺季，降息回檔修正過後。	85%	55%	25%
2025 年第 2 季	電子淡季	75%	40%	35%

投資貴人教我的事

- 投資最重要的是保護資金、活在市場上，才有機會在下一次的行情中上車，千萬別讓自己陷入「看對趨勢行情，卻沒錢可以進場」。

- 配置在各檔持股的資金，成數才是最重要的，而不是張數。

- 配置持股比例並非越少越好，若以 100 萬元操作，一檔控制在 8～15% 以內較好，就算單一股票跌停，對總體資金頂多只是 1.5% 左右的傷害。

- 重壓的必備條件是，要有扎實的產業知識或研究作為基礎，對業績趨勢有一定把握，否則等於是直接去賭場賭一把，最後都是大賠出場作收。

附錄一
鑽豹六大指標哪裡找？

　　依照《證券交易法》規定，臺灣上市櫃公司於每一季終了後的 45 天內，必須公告財務報告，而各家的財務報表皆可上「公開資訊觀測站」（https://mops.twse.com.tw/mops/web/index）網站查詢。鑽豹評鑑的六大指標，分別可在下列不同報表中找到：

　　資產負債表：存貨、合約負債

　　損益表：營收、毛利率、營業利益率

　　現金流量表：自由現金流量

　　以下說明如何在「公開資訊觀測站」中找到這些報表。

在資產負債表查詢存貨、合約負債

Step 1　在搜尋欄位填入個股名稱或代號（下列以中興電〔1513〕為例）。

波段的紀律

Step 2 　點選「財務報表／財務報表／資產負債表」。

Step 3 　在下拉選單選擇「歷史資料」、欲查詢的年度及季別。

Step 4 　在資產負債表的「流動資產」裡可看到「存貨」，「流動負債」裡可看「合約負債」。

合併資產負債表

本資料由中興電公司提供

「投資人若需了解更詳細資訊可至XBRL資訊平台或電子書查詢」

本公司採 月制會計年度(空白表曆年制)

註:各會計項目金額之百分比,係採四捨五入法計算

民國111年第4季						
					單位：新台幣仟元	
會計項目	111年12月31日		110年12月31日		110年01月01日	
	金額	%	金額	%	金額	%
流動資產						
現金及約當現金	2,743,814	6.59	2,344,201	6.84	1,160,714	3.93
本期所得稅資產	1,800	0.00	1,691	0.00	1,711	0.01
存貨	6,612,672	15.88	5,750,312	16.78	6,996,398	23.69
預付款項	1,982,235	4.76	825,705	2.41	908,507	3.08
資產總額	41,652,205	100.00	34,259,773	100.00	29,537,141	100.00
流動負債						
短期借款	415,836	1.00	819,833	2.39	926,830	3.14
應付短期票券	0	0.00	22,993	0.07	76,425	0.26
透過損益按公允價值衡量之金融負債 - 流動	2,234	0.01	16,950	0.05	10,200	0.03
合約負債 - 流動	3,799,420	9.12	2,704,940	7.90	2,787,611	9.44
應付票據	109,865	0.26	9,093	0.03	32,422	0.11
應付票據 - 關係人	681	0.00	0	0.00	0	0.00

波段的紀律

在損益表查詢營收、毛利率、營業利益率

Step 5　點選「財務報表／財務報表／綜合損益表」。

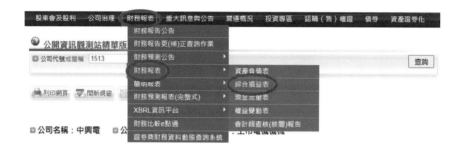

Step 6　在下拉選單選擇「歷史資料」、欲查詢的年度及季別。

Step 7　在綜合損益表中可以查到「營業收入合計」、「營業毛利」及「營業利益」的金額及比例。

合併綜合損益表

本資料由中興電公司提供

「投資人若需了解更詳細資訊可至XBRL資訊平台或電子書查詢」

本公司採 月制會計年度(空白表曆年制)

註:各會計項目金額之百分比,像採四捨五入法計算

民國111年第4季				
				單位：新台幣仟元
會計項目	111年度		110年度	
	金額	%	金額	%
營業收入合計	18,546,885	100.00	18,027,267	100.00
營業成本合計	13,802,437	74.42	13,729,807	76.16
營業毛利（毛損）	4,744,448	25.58	4,297,460	23.84
營業毛利（毛損）淨額	4,744,448	25.58	4,297,460	23.84
營業費用				
推銷費用	418,074	2.25	449,970	2.50
管理費用	1,219,495	6.58	956,101	5.30
研究發展費用	232,306	1.25	213,615	1.18
預期信用減損損失（利益）	23,438	0.13	706	0.00
營業費用合計	1,893,313	10.21	1,620,392	8.99
營業利益（損失）	2,851,135	15.37	2,677,068	14.85
營業外收入及支出				
利息收入	19,508	0.11	9,435	0.05
其他收入	98,291	0.53	107,243	0.59
其他利益及損失淨額	174,741	0.94	-265,466	-1.47
財務成本淨額	235,919	1.27	86,953	0.48
採用權益法認列之關聯企業及合資損益之份額淨額	184,586	1.00	37,770	0.21
營業外收入及支出合計	241,207	1.30	-197,971	-1.10
稅前淨利（淨損）	3,092,342	16.67	2,479,097	13.75
所得稅費用（利益）合計	625,844	3.37	507,616	2.82
繼續營業單位本期淨利（淨損）	2,466,498	13.30	1,971,481	10.94
本期淨利（淨損）	2,466,498	13.30	1,971,481	10.94
其他綜合損益(淨額)				
確定福利計畫之再衡量數	25,142	0.14	11,799	0.07
透過其他綜合損益按公允價值衡量之權益工具投資未實現評價損益	-35,471	-0.19	-12,691	-0.07

現金流量表查詢自由現金流量

Step 8　點選「財務報表／財務報表／現金流量表」。

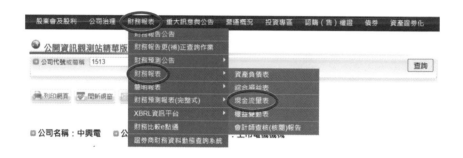

Step 9　在下拉選單選擇「歷史資料」、欲查詢的年度及季別。

Step 10　在現金流量表中可以查到營業活動之現金流量金額，及「投資活動之現金流量」下的「取得不動產、廠房及設備」及「處分不動產、廠房及設備」，計算「營業活動之現金流量—取得不動產、廠房及設備＋處分不動產、廠房及設備」，即可得到現金流量。

合併現金流量表

本資料由中興電公司提供

「投資人若需了解更詳細資訊可至XBRL資訊平台或電子書查詢」

本公司採 月制會計年度(空白表曆年制)

民國111年第4季		
		單位：新台幣仟元
會計項目	111年度	110年度
	金額	金額
營業活動之現金流量－間接法		
繼續營業單位稅前淨利（淨損）	3,092,342	2,479,097
本期稅前淨利（淨損）	3,092,342	2,479,097
調整項目合計	2,759,268	1,281,809
營運產生之現金流入（流出）	5,851,610	3,760,906
收取之利息	18,689	9,483
收取之股利	69,959	56,067
支付之利息	-180,915	-27,122
退還（支付）之所得稅	-287,914	-138,188
營業活動之淨現金流入（流出）	5,471,429	3,661,146
投資活動之現金流量		
取得按攤銷後成本衡量之金融資產	0	-106,917
取得不動產、廠房及設備	-2,722,019	-3,962,033
處分不動產、廠房及設備	14,576	75,294
存出保證金增加	-81,076	-44,436

附錄二
法人說明會資訊查詢

　　聽取大型權值股的法說會內容，是判斷產業趨勢的最佳方法，但只看法說相關新聞報導，不如現場聆聽，能獲得更多記者沒說的祕密，還有機會認識投資高手，增進自己的功力。以下說明如何在「公開資訊觀測站」中找到法說會的資訊。

Step 1　在公開資訊觀測站（https://mops.twse.com.tw/mops/web/index）點選「常用報表／法人說明會一覽表」。

波段的紀律

Step 2 輸入召開年度、月份、公司代號，點選「查詢」。只輸入年度，月份欄位選擇空白，可查看該年度所有法說會的清單。

Step 3 法說會完整資訊列表，包括時間、地點、擇要訊息、簡報及影音連結等。

請選擇排序方式：◉ 證券代號 ○ 召開法人說明會日期
請選擇排序列順序：◉ 資料由小到大顯到新 ○ 資料由大到小顯到舊

公司代號	公司名稱	召開法人說明會日期	召開法人說明會時間	召開法人說明會地點	法人說明會擇要訊息	中文檔案	英文檔案	公司網站是否提供法...
						法人說明會簡報內容		
2330	台積電	113/01/18	14:00	台北君悅酒店三樓凱悅廳一區 (台北市信義區松壽路2號)	(1) 公布本公司2023年第4季財務報告及2024年第1季營運展望。(2) 參加方式：請參見 https://investor.tsmc.com/chinese/quarterly-results/2023/q4	233020240118M001.pdf	233020240118E001.pdf	https://investor.tsmc.com/results/2023/q4
2330	台積電	113/02/19	09:00	台北君悅酒店	本公司受邀參加摩根大通證券所舉辦之『J.P. Morgan Taiwan CEO-CFO Conference』，會中就本公司1/18法說會已公開之財務數字、經營績效等相關資訊進行說明。	233020240118M001.pdf	233020240118E001.pdf	https://investor.tsmc.com/results/
2330	台積電	113/03/05 至 113/03/07	00:00	Palace Hotel, San Francisco	本公司受邀參加摩根士丹利證券所舉辦之『Technology, Media & Telecom Conference』，會中就本公司1/18法說會已公開之財務數字、經營績效等相關資訊進行說明。	233020240118M001.pdf	233020240118E001.pdf	https://investor.tsmc.com/results/2023/q4
2330	台積電	113/03/19	09:00	台北君悅酒店	本公司受邀參加美銀證券所舉辦之『2024 APAC TMT Conference』，會中就本公司1/18法說會已公開之財務數字、經營績效等相關資訊進行說明。	233020240118M001.pdf	233020240118E001.pdf	https://investor.tsmc.com/results/2023/q4
2330	台積電	113/04/18	14:00	線上法說會	(1)公布本公司2024年第1季財務報告及2024年第2季營運展望。(2)參加方式：請參見 https://investor.tsmc.com/chinese/quarterly-results/2024/q1	233020240418M001.pdf	233020240418E001.pdf	https://investor.tsmc.com/results/2024/q1
2330	台積電	113/05/27 至 113/05/29	09:00	香港四季酒店	本公司受邀參加瑞銀證券所舉辦之『UBS Asian Investment Conference 2024』，會中就本公司4/18法說會已公開之財務數字、經營績效等相關資訊進行說明。	233020240418M001.pdf	233020240418E001.pdf	https://investor.tsmc.com/results/2024/q1
2330	台積電	113/07/18	14:00	台北遠東香格里拉3F遠東宴會廳(臺北市大安區敦化南路二段201號)	(1)公布本公司2024年第2季財務報告及2024年第3季營運展望。(2)參加方式：請參見 https://investor.tsmc.com/chinese/quarterly-results/2024/q2	233020240718M001.pdf	233020240718E001.pdf	https://investor.tsmc.com/results/2024/q2

252

國家圖書館出版品預行編目（CIP）資料

波段的紀律：我在海龜操盤手訓練、法人交易
現場學到的進場、加碼、退場紀律，守住紀律
獲利至少 50％／雷老闆（王韋閔）著. -- 初版.
-- 臺北市：大是文化有限公司，2024.10
256 面；17×23 公分
ISBN 978-626-7448-96-0（平裝）

1. CST：股票投資　2. CST：投資技術
3. CST：投資分析

563.53　　　　　　　　　　　113009462

Biz 470

波段的紀律

我在海龜操盤手訓練、法人交易現場學到的進場、加碼、退場紀律，
守住紀律獲利至少 50%

作　　者／雷老闆（王韋閔）
責任編輯／宋方儀
校對編輯／陳家敏
副總編輯／顏惠君
總 編 輯／吳依瑋
發 行 人／徐仲秋
會計部｜主辦會計／許鳳雪、助理／李秀娟
版權部｜經理／郝麗珍、主任／劉宗德
行銷業務部｜業務經理／留婉茹、行銷企劃／黃于晴、專員／馬絮盈
　　　　　助理／連玉、林祐豐
行銷、業務與網路書店總監／林裕安
總 經 理／陳絜吾

出 版 者／大是文化有限公司
　　　　　臺北市 100 衡陽路 7 號 8 樓
　　　　　編輯部電話：（02）23757911
　　　　　購書相關資訊請洽：（02）23757911 分機 122
　　　　　24小時讀者服務傳真：（02）23756999
　　　　　讀者服務 E-mail：dscsms28@gmail.com
　　　　　郵政劃撥帳號：19983366　戶名：大是文化有限公司

法律顧問／永然聯合法律事務所
香港發行／豐達出版發行有限公司 Rich Publishing & Distribution Ltd
　　　　　地址：香港柴灣永泰道 70 號柴灣工業城第 2 期 1805 室
　　　　　　　　Unit 1805, Ph. 2, Chai Wan Ind City, 70 Wing Tai Rd, Chai Wan, Hong Kong
　　　　　電話：21726513　傳真：21724355
　　　　　E-mail：cary@subseasy.com.hk

封面設計／林雯瑛
內頁排版／顏麟驊
印　　刷／鴻霖印刷傳媒股份有限公司

出版日期／2024 年 10 月初版
定　　價／新臺幣 460 元（缺頁或裝訂錯誤的書，請寄回更換）
I S B N／978-626-7448-96-0
電子書ISBN／9786267448946（PDF）
　　　　　9786267448953（EPUB）

有著作權，侵害必究　Printed in Taiwan

※本書提供之方法與個股僅供參考，請讀者自行審慎評估投資風險。